Ismael Leandry Vega

Justicia criminal y la mujer ante el crimen
La mujer delincuente y la víctima femenina

Editorial Espacio Creativo
Charleston, SC

Publisher: Editorial Espacio Creativo
Charleston, SC
ISBN-13: 978-1542753289 ISBN-10: 1542753287

Derechos de propiedad: Ismael Leandry-Vega

Copyright: © 2017 Ismael Leandry-Vega

Standard Copyright License - Reservados todos los derechos. El contenido de esta obra está protegido por Ley, que establece penas de prisión y/o multas, además de las correspondientes indemnizaciones por daños y perjuicios, para quienes reprodujeren, plagiaren, distribuyeren o comunicaren públicamente, en todo o en parte, una obra literaria, artística fijada en cualquier tipo de soporte o comunicada a través de cualquier medio, sin la preceptiva autorización. Imagen en la portada: © *Elnur Fotolia.com*

Datos para catalogación:

Ismael Leandry-Vega. (2017).

Justicia criminal y la mujer ante el crimen: La mujer delincuente y la víctima femenina

Charleston, SC: Editorial Espacio Creativo

- Criminalidad
- Criminalidad – Puerto Rico
- Criminología
- Delincuencia femenina
- Derecho Penal
- Justicia criminal

Tabla de contenido

Capítulo uno
Mujeres violentas

I. Violencia femenina..7
    A. La mujer agresiva..7
    B. Sección de ejemplos..17
II. Asesinas..18
    A. Asesinas y sociópatas...18
    B. Sección de ejemplos..23

Capítulo dos
Criadoras de delincuentes
y de afectados mentales

I. Desastrosa maternidad..25
II. Madres trabajadoras y solteras...30

Capítulo tres
Mujeres abusadoras

I. Maltrato de hombres...37
    A. Hombres maltratados..37
    B. Sección de ejemplos..46
II. Maltrato de niños...47
    A. Mujeres maltratadoras..47
    B. Sección de ejemplos..50

Capítulo cuatro
Mujeres que agreden sexualmente

I. Agresoras sexuales..53
   A. Mujeres que agreden sexualmente..53
   B. Sección de ejemplos..57
II. Cooperadoras del abuso sexual..58
   A. Cooperadoras y encubridoras...58
   B. Sección de ejemplos..60
III. Depredadoras sexuales en el extranjero................................61

Capítulo cinco
Mujeres y delitos sexuales

I. Hostigamiento sexual..63
II. Actos lascivos..67
III. Incesto..68
IV. Pornografía infantil..69
V. Prostitución femenina..71
VI. Sección de ejemplos..74

Capítulo seis
Mujeres atracadoras y extorsionistas

I. Robadoras...77
   A. Mujeres que roban...77
   B. Sección de ejemplos..81
II. Extorsionistas..82
   A. Mujeres que extorsionan...82
   B. Sección de ejemplos..84

Capítulo siete
Hurtadoras, falsificadoras
y defraudadoras

I. Hurtadoras..87
    A. Mujeres que hurtan..87
    B. Sección de ejemplos..89
II. Falsificaciones..90
    A. Mujeres falsificadoras..90
    B. Sección de ejemplos..93
III. Fraudes...94
    A. Mujeres defraudadoras..94
    B. Sección de ejemplos..98

Capítulo ocho
Mujeres y el narcotráfico

I. Distribución de drogas..101
    A. Venta y distribución de drogas.......................................101
    B. Sección de ejemplos..104
II. Venta y transportación de drogas..105
    A. Vendedoras de drogas al detal......................................105
    B. Transportadoras de drogas..106
    C. Sección de ejemplos..111
III. Amantes de narcotraficantes...112

Capítulo nueve
Mujeres dentro del
sistema de justicia

I. La mujer policía..117
II. La guardia de seguridad...122
III. Abogadas, fiscales y juezas..126

Referencias..133

Capítulo uno
Mujeres violentas

I. Violencia femenina

  A. La mujer agresiva

Todo el mundo sabe que «vivimos en un mundo violento y mentiroso.»[i] Y si usted se da un paseíto por los países occidentales, especialmente por Puerto Rico, podrá observar que muchas mujeres, especialmente mujeres jóvenes, son embusteras y agresivas.

A eso se suma que, en las mencionadas tierras, la gran mayoría de las mujeres está constituida por mujeres que, por haber sido embrutecidas por medio de los medios de comunicación, son consumistas, materialistas e interesadas.

Asunto que no debe causar sorpresa, especialmente cuando se sabe que millones de seres humanos (incluyendo millones de mujeres) se han convertido en «adictos al consumo y a las modas impuestas por la propaganda publicitaria cuyo credo de compra y gasta, con sus guías de belleza y felicidad, (...) enajenan, homogenizan y fanatizan.»[ii]

Y no puedo dejar de indicar que muchas mujeres, especialmente muchas mujeres jóvenes, han tomado la decisión de no ser sabias. Digo eso ya que las indicadas mujeres, con sus constantes cambios de parejas –y tenga en cuenta, que reconozco que toda mujer puede tener muchas parejas sexuales y puede cambiar de pareja sexual cuando le dé la gana– y con sus constantes visitas a los centros comerciales y a los centros de entretenimiento chatarra, han olvidado que para tratar de obtener sabiduría es necesario reducir al mínimo posible la búsqueda de placer.[iii]

En fin, todo demuestra que muchas mujeres, a pesar de que gozan de libertad para cambiar sus parejas sexuales y a pesar de que tienen libertad para leer buenos libros filosóficos, han olvidado que «tener mucho sexo realmente no nos hace felices.»[iv] También han olvidado que, dentro de este insignificante planeta, se puede minimizar el sufrimiento «mediante el rechazo de los placeres y deseos terrenales...».[v]

Además, muchas mujeres que disfrutan de los beneficios de la libertad olvidan que el consumismo y el derroche de tiempo en entretenimientos de índole chatarra son conductas que están relacionadas con mentes aburridas, vacías y necias. Digo esto porque «el aburrimiento, el vacío intelectual, conduce al desorden. Pero no solo al desorden social sino lo que aún es peor, al desorden individual.»[vi]

Mencionado eso, ahora le digo que la mujer –tanto en Puerto Rico como en otras partes del mundo– ha demostrado que puede ser tan agresiva e irrespetuosa como el varón. De hecho, durante los últimos lustros han sido muchísimos los casos en los que mujeres agresivas: (1) han agredido a oficiales del orden público; (2) han agredido a maestros y a directores escolares; y (3) han cometido actos de agresión agravada –grave daño corporal– contra familiares, vecinos, amigos y parejas.

Tampoco podemos olvidar que, hoy día, no sólo es el hombre el que se pasa peleando en las calles y profiriendo amenazas con arrogancia para intimidar a alguien. Cada vez hay más mujeres necias que, estando en lugares abiertos al público, pelean, gritan, mutilan, golpean e incurren en bravatas.vii

Y no podemos olvidar que son abundantes los casos en los que mujeres, por medio de amenazas, chantajes, griterías, insultos, ataques a la autoestima, entre otras acciones que están relacionadas con la violencia psicológica, tratan de imponer su voluntad sobre otras personas.

Esto no es raro, especialmente cuando se sabe que en este mundo hay muchos seres humanos – incluyendo mujeres– que creen que «todos los problemas se resuelven infundiendo miedo y respeto.»viii Tampoco lo dicho es raro ya que las mujeres jóvenes, en los tiempos que corren, «son más propensas a abusar psicológicamente de otros...».ix

Explicado lo anterior, es obvio que la pregunta obligatoria es la siguiente: ¿Por qué las mujeres, especialmente en los países occidentales, se están tornando en seres violentos?

Para contestar dicha pregunta, que es sumamente importante, comienzo diciendo que todos los seres humanos, incluyendo las mujeres, llevamos dentro de nuestro cuerpo «la innata tendencia humana a imponer por la fuerza nuestra voluntad a los demás.»[x]

En segundo lugar, todos sabemos que los embriagados suelen ejecutar ridiculeces. También sabemos que los embriagados –ciertamente, unos más que otros– reaccionan de «manera agresiva ante la provocación de los demás.»[xi] Pues bien, otra razón por la que cada día hay más mujeres ejecutando actos violentos es que, en muchos países, las mujeres «están bebiendo mucho más que antes.»[xii]

Y al tener libre acceso al alcohol, a las tabernas y a las actividades en las que se sirven bebidas embriagantes, no es extraño que muchas mujeres terminen ebrias, iracundas y, al igual que ocurre con muchos borrachos del sexo masculino, ejecutando actos de violencia física y/o de violencia psicológica.[xiii]

Lo arriba escrito me ha hecho recordar un caso que ocurrió en Morovis, Puerto Rico. Allí, frente a un negocio, una mujer que estaba borracha y confusa agredió, ilegalmente, a su compañero sexual y sentimental. Y después de eso, la borracha mujer «se levantó su traje y mostró sus partes privadas a los presentes.»[xiv]

En tercer lugar debe recordar que muchas mujeres adultas, cuando eran menores de edad, fueron criadas dentro de unos hogares en los que el maltrato –físico y/o psicológico– era un asunto cotidiano. De hecho, hoy día los países occidentales están llenos de mujeres adultas que constantemente fueron víctimas de humillaciones, insultos, golpes y gritos durante la minoridad de edad. Como resultado de eso, muchas de esas mujeres terminaron convirtiéndose en adultas: (a) que imponen sus deseos y opiniones por medio de la violencia; y (b) que creen que los problemas (no todos) se resuelven por medio de la violencia.

Lo antes explicado, en un mundo en el que «la violencia contra los niños es un problema común en todas las sociedades»,[xv] no debe causar sorpresa. Es harto conocido que los seres humanos (hombres y mujeres) que fueron física y constantemente maltratados durante la minoridad, suelen ser (en la adultez) «más propensos a cometer violencia física (...) que los que no fueron maltratados.»[xvi]

En cuarto lugar, las mujeres adultas de hoy día pasaron, durante la infancia, muchas horas frente a los aparatos televisivos viendo programaciones con un altísimo contenido de violencia, pseudociencia, estupidez y chabacanería.

¿Y qué tiene que ver lo mencionado con rasgos antisociales en la mujer? Que está demostrado, en lo pertinente, que ver mucha televisión durante la niñez, especialmente programaciones de índole chatarra que estén llenas de violencia y estupidez, «está asociado en la edad adulta»: (a) «con rasgos de personalidad más agresivos»; (b) con «una mayor tendencia a experimentar emociones negativas»; y (c) con «un mayor riesgo de presentar un desorden de personalidad antisocial.»[xvii]

Dicho eso, tengo que reconocer que en esta época de marrullería generalizada y de violencia generalizada: (1) es necesario ser listo; (2) es necesario ser un poco agresivo; (3) es necesario ser un poco indiferente; y (4) es necesario tener poco contacto –lo menos posible– con otros seres humanos.

Digo eso ya que, debido a que todo ser humano desea imponer su voluntad sobre otros seres humanos, esas son maneras para tratar de tener cierto grado de control sobre la propia existencia y, sobre todo, para tratar de conseguir algo de paz existencial. Si una persona es demasiado pacífica y buena, por más doctorados y maestrías que tenga, es altamente probable que sea dominada y pisoteada por los innumerables jaibas, ñames y agresivos que hay por doquier. Y lo dicho, especialmente en las plutocracias capitalistas, es un asunto que se ve diariamente.

Así, por ejemplo, constantemente vemos que hombres sin mucha sabiduría y mujeres sin mucha sabiduría cometen actos de acoso laboral contra compañeros de trabajo que son buenazos y afables.

Sobre los casos de mujeres que, con la finalidad de dominar y de humillar a sus compañeros de trabajo, ejecutan actos de acoso laboral, debe saber que muchas mujeres comenten actos de acoso en el trabajo. Digo eso ya que, en Puerto Rico, cuarenta de cada cien casos de acoso laboral son ejecutados por mujeres.[xviii]

Cabe mencionar que el acoso laboral, que es una acción distinta al acoso sexual, es una «conducta dirigida a intimidar, apocar, reducir, aplanar, amedrentar y consumir emocional e intelectualmente a un empleado, con vistas a eliminarlo de la organización o lograr algún otro resultado adverso en su contra.»[xix]

Tampoco se puede pasar por alto, en el caso de las plutocracias capitalistas, que el sistema capitalista –especialmente la versión neoliberal y salvaje– causa que la gente se vuelva más egoísta, marrullera, hipócrita e indiferente.

De hecho, la gente que vive en esos países comienza a ver –casi siempre desde la adolescencia– que para tener cierto éxito socioeconómico y, sobre todo, cierto control sobre la propia vida, es necesario «no tener remordimientos, no sentir empatía, ser un manipulador, tener un ego inflado o mentir de manera patológica...».[xx]

Pues bien, muchísimas mujeres que viven en los mencionados países se han percatado de lo indicado, y diariamente lo ponen en ejecución. Por eso no es extraño que muchísimas mujeres, al hacer lo anterior, ejecuten acciones que –a pesar de que son parte de las tácticas de dominación– están tipificadas como actos delictivos o como faltas laborales.

Un buen ejemplo sobre eso, está relacionado con la violencia en el hogar. Digo eso ya que muchas mujeres ejecutan unas acciones de dominación dentro de sus hogares que, aunque necesarias para no dejarse dominar por parejas o por hijos adolescentes, podrían ser consideradas actos de violencia psicológica.[xxi]

Por último, antes de cerrar esta sección es indispensable hacer una aclaración. Aunque estoy en contra de cualquier acto de manipulación irrazonable, la realidad es que vivimos en un insignificante planeta que, además de ser un valle de lágrimas, está hecho a la medida de los rasgos psicológicos que están relacionados con la personalidad antisocial.

Para empezar a fundamentar lo dicho comienzo diciendo que «la frialdad, la impulsividad y hasta el hecho de que sientan menos miedo hace que personas con tendencias psicópatas se destaquen en profesiones y oficios importantes para la convivencia social.»[xxii]

Es por eso que, por ejemplo, la persona que ocupe la posición de presidente de los Estados Unidos de América tiene que tener rangos de la personalidad antisocial. Solo un antisocial es capaz de administrar un imperio plutocrático y neoliberal, y solo un antisocial es capaz de ordenar el asesinato de personas inocentes para matar un blanco deseado.

A eso se suma que casi todos los jefes de las multinacionales que nos dominan y gobiernan, presentan rasgos relacionados con la fabulosa personalidad antisocial. Es por eso que, para perjuicio de los cándidos, personas con personalidad antisocial son las que, desde la aparición de los primeros reyes, dirigen este «mundo.»[xxiii]

B. Sección de ejemplos

Llegó, para alivio de unos y desesperación de los otros, el momento de ver y analizar varios ejemplos. El primer ejemplo que plasmaré ocurrió en el municipio de Guayama, Puerto Rico. Allí, en 2011, una joven y agresiva mujer fue detenida por un policía municipal por conducir su vehículo de motor en violación a las normativas que regulan el tránsito vehicular. Y tan pronto el agente le informó a la dama que estaba bajo arresto por conducir bajo los efectos de bebidas embriagantes, la mencionada dama comenzó a golpear al indicado agente.[xxiv]

El segundo ejemplo que plasmaré, fue un triste caso que ocurrió en una sala del Tribunal de Primera Instancia de Puerto Rico. Allí, en presencia de alguaciles, testigos y personas citadas, una joven e inmadura mujer ilegítimamente agredió a su pareja. Cabe indicar que la joven mujer, por los expuestos hechos (que ocurrieron en 2013), fue ingresada en la «cárcel de mujeres de Vega Alta.»[xxv]

El tercer ejemplo fue un caso que ocurrió en Vega Baja, Puerto Rico. Allí, allá por 2006, una pendenciera mujer policía que había aprobado las pruebas psicológicas que le había administrado un psicólogo de la Policía de Puerto Rico durante el proceso de reclutamiento, ejecutó –en violación al Derecho y al juramento policial– varios delitos en contra de su expareja. Sobre los violentos actos cabe mencionar que la mujer policía, perversamente, «chocó la puerta del garaje de su expareja consensual...». Después de eso, la agente agarró una macana y le «causó daños al automóvil» del caballero.[xxvi]

II. Asesinas

A. Asesinas y sociópatas

Todo el mundo sabe que «este es un mundo organizado y especializado en el exterminio del prójimo.»[xxvii] También es de conocimiento general que en Puerto Rico, en donde el aburrimiento y la bajeza intelectual han causado que los idiotas que aparecen en los programas de televisión sean considerados –por encima de científicos, académicos, escritores y filósofos prominentes– modelos sociales, «estamos padeciendo de una epidemia de violencia.»[xxviii]

Uno de los aspectos más llamativos de esa violencia es que las mujeres, escondiéndose detrás de imágenes de ternura y belleza, han demostrado que pueden ser tan peligrosas como los hombres. De hecho, ahora son comunes los casos de mujeres: (a) que asesinan; (b) que mutilan; (c) que ordenan ejecutar asesinatos; (d) que cometen agresiones agravadas; (e) que cometen tentativas de asesinato; y (f) que conspiran para cometer delitos violentos.

Con eso en mente, es necesario mencionar que las mujeres que cometen delitos violentos tienen varias ventajas sobre los violentos criminales del sexo masculino. Por lo regular, a mucha gente se le hace difícil creer que las mujeres: (a) ejecuten asesinatos a sangre fría; (b) ordenen la ejecución de asesinatos; y (c) conspiren para cometer actos de violencia.

Eso sucede por motivo de que, continuamente, los ciudadanos ven que las mujeres violentas y peligrosas no suelen tener –como ocurre en algunas películas y en algunas series de televisión– rasgos ni comportamientos que denoten rudeza y malignidad. Además, muchísimas mujeres violentas y peligrosas no despiertan sospechas ya que son dulces y físicamente hermosas.

Mientras que otras mujeres violentas y peligrosas, son unas excelentes mentirosas que utilizan las lágrimas y los embustes para tratar de encubrir sus perversas actuaciones. Por esas razones es que, a la hora de investigar hechos delictivos, las mujeres «suelen despertar menos sospechas.»[xxix]

También cabe decir que en algunos casos de violencia, especialmente cuando no hay confesiones ni pruebas contundentes, las mujeres violentas y peligrosas suelen despertar menos sospechas por la sencilla razón de que la gente, debido a que existe la creencia de que las mujeres son unos frágiles seres que están hechos «para dar vida y no para quitarla», suele tener dificultad para creer que las mujeres puedan ser unos seres vivientes peligrosos y violentos.[xxx]

También hay personas, entre ellas periodistas y comentaristas radiales, que no pueden creer que una madre pueda fríamente matar a sus hijos. ¿Por qué ocurre eso? Eso ocurre por razón de que las personas, especialmente en países en los que tradicionalmente las mujeres han estado a cargo de la crianza de los fastidiosos niños, se resisten «a creer que una mujer pueda actuar en contra de su instinto maternal.»[xxxi]

Debido a eso es normal que periodistas, comentaristas y ciudadanos, ocasionalmente, traten de justificar las horrorosas acciones. Así, por ejemplo, no es raro que se diga –aunque sea cierto– que la asesina tenía problemas psicológicos. Tampoco es raro que se diga, para tratar de dulcificar los actos, que la mujer delincuente cometió las barbaridades por razón de que tenía muchas presiones familiares y/o muchas presiones económicas.

Sin embargo, en el caso de varones peligrosos y violentos uno no suele encontrar dulcificaciones, especialmente cuando los violentos actos criminales fueron cometidos contra niños, familiares o ancianos. Es por eso que, por lo regular, los varones que cometen actos violentos y sangrientos, aunque tengan problemas psicológicos o aunque tengan problemas y presiones, son tildados de monstruos peligrosos. Además, muchos piensan que esos criminales deberían ser colocados en cárceles peligrosas para que sean golpeados, sodomizados y asesinados por otros confinados.

Mencionado eso, ahora debe saber que muchas mujeres violentas y peligrosas son unos seres vivientes que no tienen un buen control sobre sus impulsos. También son muchísimas las mujeres violentas y peligrosas que, contrario a la creencia popular, cumplen con todos los requisitos para ser consideradas psicópatas.

¿Y qué es un psicópata? Un psicópata es un ser humano –que puede ser mujer– que tiene una seria limitación para «sentir empatía, culpa y arrepentimiento (...). Por esta anomalía psíquica, alguien que padece de psicopatía puede actuar de forma violenta, antisocial y hasta criminal sin sentirse mal por ello e incluso sin reconocer que haya algo nocivo en su conducta.»[xxxii]

Por último, no puedo cerrar la sección sin mencionar que la enorme facilidad que existe para conseguir armas, unido al hecho de que las mujeres han aprendido que la agresividad y la violencia son buenas para lidiar con situaciones difíciles, ha provocado que muchas mujeres ejecuten actos violentos y sangrientos. Y ese es un asunto que no debe causar sorpresa si se tiene en cuenta que las armas, desde hace bastante tiempo, «han alcanzado una preponderancia inusitada, de tal forma que han arrinconado totalmente otras maneras de solucionar las cuestiones en pugna.»[xxxiii]

B. Sección de ejemplos

Llegó, para alivio de unos y desesperación de los otros, el momento de ver y analizar varios ejemplos. El primer ejemplo que plasmaré fue un caso que ocurrió en Mayagüez, Puerto Rico. Allí, en 2010, una psicópata y pendenciera mujer agarró a su hijo «de año y medio» por el cuello y, sin sentirse mal por ello, lo estranguló.[xxxiv]

Cabe señalar que la mujer, para tratar de justificar el incidente, manifestó que «cometió los actos tras discutir con su compañero consensual, [...] un empleado de mantenimiento del municipio de Mayagüez que no era el padre del bebé asesinado.»[xxxv]

El segundo ejemplo que plasmaré fue un triste caso que ocurrió en Caguas, Puerto Rico. Allí, en 2011, una psicópata y aburrida mujer le propinó, sin sentirse mal por ello, una tremenda paliza a su hijo de tres meses de nacido.

Como resultado de esa paliza, que provocó que el chiquillo terminara con un severo «trauma en el cráneo» y con «dos costillas rotas», el bebé murió en el hospital. Cabe señalar que la psicópata y bruta asesina, demostrando una grave limitación para sentir empatía, culpa y arrepentimiento, permaneció en su hogar mientras su golpeado hijo moría en el hospital.[xxxvi]

Como ha podido ver, los ejemplos que utilicé son casos que caen bajo la categoría de infanticidio. Pues bien, debo mencionarle que a nivel global «las mujeres son más autoras de infanticidios, especialmente de bebés, que los hombres.»[xxxvii]

Capítulo dos
Criadoras de delincuentes y de afectados mentales

I. Desastrosa maternidad

Todo el mundo sabe que «la violencia en el hogar, constituye una seria y continua amenaza a la institución de la familia y a las relaciones de convivencia fundamentadas en el respeto a la dignidad de la vida y al valor de la paz.»[xxxviii] Sabido es también que en muchos países, como en el espantoso Puerto Rico, abundan las madres solteras que tienen que criar a sus hijos.

También es conocido el hecho de que a nivel mundial abundan las mujeres que, a pesar de que no son madres solteras por motivo de que constantemente cambian sus parejas sexuales, crían a sus hijos. Y no se puede olvidar que todavía, a pesar de que las mujeres pueden trabajar, quedan mujeres: (1) que son amas de casa; y (2) que están encargadas de lidiar con la crianza de sus hijos mientras sus parejas sexuales trabajan.

Pues bien, lo mencionado me hace decir que la mujer puertorriqueña: (a) tiene un papel primario en la crianza de los hijos; y (b) juega un papel fundamental a la hora de crear criminales y personas con condiciones mentales.

Para sustentar mi tesis, comienzo diciendo que en Puerto Rico hay más mujeres criando niños que hombres criando niños. Digo eso ya que si uno suma las madres solteras y las madres que junto a sus compañeros sexuales (padrastros o parejas de turno) crían a menores de edad, veremos que la cifra sobrepasa la cantidad de padres que, solteros o acompañados por parejas sexuales, crían a menores de edad.

El segundo dato para sustentar mi tesis es que, «en el seno familiar, los principales agresores de los niños y niñas son las madres, quienes llegan incluso a castigar a los menores de manera más severa que los mismos padres.»xxxix

Debo indicar que lo antes escrito me ha hecho recodar que, en 1995, el **Fondo de las Naciones Unidas para la Infancia** (UNICEF, por sus siglas en inglés) publicó los hallazgos de un interesante estudio. Según dichos hallazgos, para vergüenza de las personas que dicen que las mujeres son mejores que los hombres en el asunto de criar hijos, «quienes más maltratan a los niños son, por lo general, las mujeres.»[xi]

Dicho eso, tengo que decir que si usted une los dos señalados datos –que las mujeres están habitualmente encargadas de la crianza de los niños, y que las mujeres son las que más maltratan a los niños– usted comenzará a ver la enorme correlación que existe: (a) entre criminales y madres que maltratan a sus hijos; y (b) entre enfermos mentales y madres que maltratan a sus hijos.

Para ayudarle a ver lo antes dicho, le digo que debe tener en cuenta: (a) que las mujeres –por encima de los hombres– juegan un papel protagónico en la crianza de los menores de edad; (b) que las madres –por encima de los papás– cometen más actos de maltrato contra sus hijos; y (c) que los niños que son constante y físicamente maltratados «se vuelven más agresivos y pueden sufrir problemas de desarrollo intelectual...».[xii]

También debe tener en cuenta que los niños que son física y continuamente maltratados, suelen desarrollar serios problemas mentales. Así, por ejemplo, muchísimos de esos niños terminan sufriendo serias consecuencias por culpa de la depresión o de la ansiedad. Y no olvide que muchísimos niños que son física y continuamente maltratados, para beneficio de los vendedores de drogas, suelen refugiarse, al llegar a la adolescencia, en el alcohol o en las drogas.[xiii]

Por otro lado, ahora voy a hablar sobre los criminales. En el caso de los criminales adultos, específicamente en el caso de los criminales callejeros, se sabe que muchísimos –la mayoría– de ellos: (1) fueron víctimas de malos tratos en sus hogares; y (2) fueron criados por madres solteras. También se sabe que muchos criminales adultos, durante la minoridad, fueron criados por «madres solteras con múltiples hijos de diferentes padres.»[xliii]

En el caso de los delincuentes juveniles, se sabe que la gran mayoría de ellos está constituida por jovencitos: (1) que fueron (algunos jovencitos se marchar de los hogares) o son víctimas de malos tratos en sus hogares; y (2) que fueron o son criados por madres solteras.[xliv]

Como pudo ver, el maltrato de niños juega un papel protagónico en la creación de mentes perturbadas. También pudo ver que, en Puerto Rico, las madres son las que –en mayor cantidad– están mayormente encargadas de la crianza de los niños, lo que incluye imponer disciplina.

Ahora bien, tengo que decir que la mejor evidencia que demuestra que la mujer puertorriqueña tiene un papel protagónico en la creación de mentes perturbadas la brinda el Colegio de Médicos Cirujanos de Puerto Rico. Digo eso ya que un estudio realizado –y dado a conocer en 2013– por investigadores de dicho colegio profesional demostró que, en los tiempos que corren, muchos delincuentes juveniles –tenga en cuenta que muchos de ellos siguen cometiendo actos delictivos durante la adultez– provienen «de hogares liderados por mujeres solas y cuya única fuente de ingreso son los programas de beneficencia pública.»[xlv]

Por otro lado, debe haber notado que mencioné que las mujeres son las que, en mayor medida, maltratan a los hijos por medio de castigos físicos. Pues bien, ese dato demuestra dos asuntos. En primer lugar, demuestra que las mujeres que continuamente utilizan el castigo físico: (1) no saben disciplinar a sus hijos; y (2) no saben que «el propósito de la disciplina es enseñar a los hijos conductas aceptables, de modo que puedan tomar decisiones prudentes y acertadas cuando se encuentren frente a disyuntivas o dificultades.»[xlvi]

El otro asunto que demuestra lo mencionado, es que las mujeres que utilizan continuamente el castigo físico para disciplinar a sus hijos juegan un papel protagónico a la hora de crear adultos que, dentro de sus relaciones familiares, utilizan violencia. Digo eso ya que los científicos sociales han demostrado, en lo pertinente, que los muchachitos que son físicamente – y constantemente– maltratados «son más propensos a ser adultos maltratantes en sus relaciones con sus hijos e hijas, transmitiéndose así la violencia de generación en generación.»[xlvii]

II. Madres trabajadoras y solteras

Puerto Rico, como he dicho, está lleno de madres jóvenes y solteras. De hecho, se sabe que en la espantosa isla de Puerto Rico –en donde muchas mujeres heterosexuales y jóvenes no sacan el tiempo debido para indagar sobre el historial social y familiar de los hombres con quienes sexualmente comparten–, «uno de cada tres hogares de familia [...] está dirigido por una mujer sola.»[xlviii]

Pues bien, aunque hay muchísimas madres solteras que son amas de casa y que reciben ayudas gubernamentales, la realidad es que muchas madres solteras trabajan. De hecho, en la narcoisla de Puerto Rico hay muchísimas madres solteras que «tienen más de un empleo para poder bandearse con los múltiples gastos de la familia que tienen que sacar adelante, en una sociedad cada vez más compleja...».[xlix]

El problema con eso es que algunas de esas madres, que trabajan como burras, suelen dejar a sus hijos adolescentes sin una adecuada supervisión. Por eso en Puerto Rico hay muchos adolescentes que, mientras sus madres están trabajando, salen de las escuelas y, por no tener una adecuada supervisión: (a) se juntan con personas de dudosa reputación; (b) cometen actos delictivos; o (c) cometen actos dañinos para su propio bienestar.[l]

También hay muchísimas madres solteras que, aunque pasan tiempo con sus hijos luego de salir de sus trabajos, no tienen tiempo de calidad con sus hijos. Por lo regular, esas madres solteras están tan cargadas de responsabilidades que no tienen el tiempo necesario para detalladamente conocer «los sentimientos, emociones, ideales, temores, anhelos, alegrías y frustraciones» de sus hijos.[li]

También se sabe que la madre soltera de Puerto Rico, por lo regular, es una mujer con una baja escolaridad que no sabe o no puede comprender que ofrecerle tiempo de calidad a un hijo redunda «en el desarrollo integral de un ser humano feliz, independiente y seguro de sí mismo.»[iii]

Cabe indicar que lo antes dicho, por lo regular, provoca serios y peligrosos distanciamientos entre las madres solteras y sus hijos. Debe saber que dije peligrosos distanciamientos ya que, al estar tan distanciados de sus solteras madres, los adolescentes suelen buscar oídos entre sus pares, y, por lo regular, las conversaciones íntimas entre los adolescentes no suelen ser ni muy educativas ni muy provechosas.

Cabe señalar que lo dicho no es extraño que ocurra ya que la madre soltera y trabajadora, en los tiempos que corren, tiene muchísimas deudas y responsabilidades. De hecho, se sabe que una madre soltera suele sentirse abrumada «por la responsabilidad de hacer malabares para cuidar a los niños, mantener su trabajo y las cuentas al día y hacer los quehaceres de la casa.»[iii] Por lo que su propio cansancio –al igual que sus propias presiones, preocupaciones y metas frustradas–, le impide o le dificulta a la madre soltera tener una buena comunicación con su hijo(a).

Ahora bien, hay madres solteras: (a) que no desean tener –continuamente– una buena comunicación son sus hijos adolescentes o preadolescentes; y (b) que desean que sus hijos no las molesten durante las pocas horas libres que les brinda la dura vida.

Para esas mujeres, el poco tiempo libre que les brinda la dura vida tiene que ser en beneficio de ellas mismas. Y para lograr eso, muchas de esas mujeres utilizan los artefactos tecnológicos. Es por eso que, en este tiempo en el que nadie tiene tiempo de tener tiempo, el dispositivo móvil conectado a la red de Internet –celular o tableta– se ha convertido «en un escape para las madres, y lo están utilizando como una niñera para sus hijos.»[liv]

Explicado eso, cabe preguntar lo siguiente: ¿Cuáles son las consecuencias del distanciamiento entre las madres solteras y sus hijos? Por lo regular, en el caso de los adolescentes del sexo masculino vemos que las secuelas del explicado distanciamiento «incluyen el abuso de drogas, alcohol, una conducta sexual irresponsable y el exceso de velocidad en las carreteras.»[lv]

En el caso de las féminas vemos que las secuelas suelen incluir el uso de alcohol, la deserción escolar y, lo peor de todo, los embarazos. También uno puede ver que muchas muchachitas, especialmente las más inmaduras y brutas, se escapan de sus hogares: (a) para irse a vivir con novios de índole chatarra; y (b) para follar de manera irresponsable.[lvi]

Por otro lado, tengo la obligación de mencionar que los hijos y las hijas de las madres solteras que trabajan suelen ser menos activos. Debido a eso, esos menores de edad tienen «más tendencia a comer alimentos poco sanos.»[lvii] Cabe recordar que los alimentos poco sanos, popularmente conocidos como comida chatarra, son unos alimentos: (1) que «carecen de muchos elementos que debe contener una dieta realmente saludable como vitaminas, minerales, ácidos grasos esenciales, etc.»; y (2) que «son ricos en azúcares refinadas y grasas saturadas.»[lviii]

Explicado lo anterior, es obvio que salta a la vista una pregunta: ¿Qué relación existe entre comida chatarra, madres solteras y criminalidad? Pues bien, la relación está en el hecho de que: (1) los hijos y las hijas de las madres solteras suelen consumir más comida chatarra; y (2) que la comida chatarra suele aumentar los niveles de agresividad y de irritabilidad en los menores de edad.[lix]

Ahora debe saber, por otro lado, que los menores de edad «almacenan todo tipo de información que reciben, sea de la escuela, de sus padres, de un cuento [...] y, por supuesto, de la televisión.»[lx] También debe saber que los hijos (menores de edad) de las madres solteras que tienen poca educación, suelen pasar muchísimas horas frente a los televisores viendo programaciones de índole chatarra.

De hecho, en muchos hogares liderados por madres solteras no es extraño encontrar, entre otros males, que los aparatos televisivos se han convertido en los acompañantes de unos menores de edad que, para detrimento del pensamiento, pasan varias horas al día sin supervisión.

¿Y qué relación tiene lo arriba explicado con la formación de mentes perturbadas? La relación está en el hecho de que, en primer lugar, se sabe que la televisión chatarra «es el veneno por excelencia, el vehículo para la colonización del imaginario.»[lxi]

También se sabe que la televisión chatarra, al igual que la Internet chatarra, «nos lleva a no pensar con nuestra propia cabeza, a no sentir y nos hace incapaces de caminar con nuestras propias piernas.»[lxii]

También se sabe que la televisión chatarra es dañina para los menores de edad –y en mayor potencia para los menores de edad que no son adecuadamente supervisados– ya que, entre otros males, «no sólo enseña a confundir la calidad de vida con la cantidad de cosas, sino que además brinda cotidianos cursos audiovisuales de violencia, que los videojuegos complementan.»[lxiii]

Y no se puede olvidar que peritos de la Universidad de Otago, ubicada en Nueva Zelanda, demostraron –en 2013– por medio de un estudio[lxiv] que los menores de edad que ven mucha televisión, especialmente programaciones de índole chatarra, suelen tener «más probabilidades de manifestar» comportamientos y «rasgos de personalidad antisocial.»

Cabe señalar, por último, que es sabido que los adolescentes –para tratar que se mantengan alejados de conductas dañinas– necesitan participar en actividades extracurriculares. Así, por ejemplo, para disminuir las posibilidades de que los jovencitos caigan en las garras de las drogas, de la delincuencia juvenil y de los embarazos, es altamente recomendable que participen en actividades deportivas o, por lo menos, que se unan a grupos juveniles –como la Liga Atlética Policiaca– dedicados a la lectura, al ambientalismo, a la protección de animales, a los deportes, entre otras buenas actividades.[lxv]

Pues bien, cabe señalar que hay madres solteras que terminan sus jornadas de trabajo tan cansadas que, para detrimento del mejor bienestar de sus hijos(as), no hacen nada para que sus hijos(as), fuera de los horarios escolares, participen en actividades sanas y recreativas. Y eso, como he dicho, aumenta las posibilidades de que sus hijos(as) adolescentes incurran en actos delictivos.

Llegado a este punto, es forzoso concluir que las madres solteras de Puerto Rico son las principales productoras de delincuentes y, sobre todo, de adolescentes embarazadas.

Capítulo tres
Mujeres abusadoras

I. Maltrato de hombres

　A. Hombres maltratados

Todo el mundo sabe que la especie humana es una especie banal, «rapaz y sanguinaria.»[lxvi] También es de conocimiento general que el ser humano es, como regla general, un animal necio y mortal que le concede mucha importancia a la opinión ajena.[lxvii]

Pues bien, estimado lector, es lamentable tener que reconocer que en muchos países, especialmente en países en los que los hombres son criados para que sean agresivos y machistas, muchísimos hombres heterosexuales son maltratados por sus parejas. Y lo peor de ello es que, por lo regular, esos hombres maltratados no suelen pedirle ayuda a los agentes del orden público ni a los profesionales de la salud.

Es necesario tener claro, antes de seguir profundizando, que los actos de violencia doméstica cometidos por mujeres en contra de hombres ocurren: (a) en los hogares de la gente que pertenece a las clases sociales pobres y endeudadas; (b) en los hogares de los ricos; y (c) en los hogares de la gente famosa.

Un buen ejemplo sobre lo antes escrito, proviene desde el Reino Unido. Allí, por varios años, el afamado e inteligente Stephen Hawking –astrofísico y catedrático de la prestigiosa Universidad de

Cambridge– fue objeto de agresiones físicas y psicológicas por parte de su segunda esposa.[lxviii]

Explicado eso, ahora es necesario realizar la siguiente pregunta: ¿Por qué los hombres maltratados por sus parejas del sexo femenino, no suelen pedirle ayuda a los profesionales de la salud ni a los agentes del orden público? Sencillamente por razón de que piensan que algunos profesionales de la conducta humana, al igual que muchos trabajadores del sistema de justicia criminal, se mofarán de ellos.

A eso se suma que muchos hombres maltratados, que no suelen hablar con nadie sobre sus vicisitudes domésticas, piensan que al radicar querellas contra sus maltratadoras y femeninas parejas, terminarían convirtiéndose en objeto de burlas por parte de compañeros de trabajo y, sobre todo, por parte de amigos y vecinos lenguaraces.

Con lo dicho en mente ahora debe saber que en Puerto Rico, al igual que en otros países, «la violencia doméstica contra el hombre ha aumentado en los últimos años.»[lxix] ¿Y por qué ha aumentado? En primer lugar por razón de que muchas mujeres se han dado cuenta de que la violencia doméstica contra el hombre, no es un asunto importante para la sociedad ni para las autoridades. Como resultado de eso las mujeres agresivas y heterosexuales tienen motivos fundados para creer que, gracias a la impunidad, ellas pueden utilizar violencia –física o psicológica– en contra de sus parejas del sexo masculino.

Debe saber que mencioné la palabra impunidad ya que, para perjuicio de los hombres maltratados, la gran mayoría de las personas que trabajan dentro del sistema de justicia criminal está compuesta por trabajadores que «no toman» con seriedad las denuncias presentadas por los hombres que son maltratados por sus parejas femeninas.[lxx]

De hecho, es triste tener que reconocer que en Puerto Rico, al igual que en muchos países de América y de Europa, cuando un hombre maltratado por su pareja femenina decide presentar una querella ante la Policía, por lo regular, lo que ocurre es que «no le creen. Y lo segundo es que, si le toman la querella y comienza una investigación, es probable que la mujer diga que el maltratador es él y existe la posibilidad de que, en vez de ir presa ella, lo arrestan a él.»[lxxi]

Lo arriba escrito me ha hecho recordar un caso que ocurrió en Bayamón, Puerto Rico. Allí, en 2015, una mujer de treinta años de edad fue arrestada por motivo de que: (a) cometió actos de violencia doméstica contra su pareja masculina; (b) intentó engañar –por medio de lágrimas y embustes– a las autoridades por medio de una patraña que sostenía que ella dizque había sido víctima de malos tratos por parte de su pareja masculina; y (c) se descubrió –luego de que la masculina e inocente víctima fuera arrestada– que ella era una mujer mendaz y perversa.

Es necesario indicar que al momento de la intervención policial, los policías interventores: (a) creyeron las patrañas de la cizañera mujer; y (b) no creyeron la versión de la víctima masculina.[lxxii]

La otra razón por la que la violencia doméstica en contra del hombre ha aumentado, es que las mujeres son más agresivas. Digo eso ya que las mujeres, desde hace ya algún tiempo, han aprendido: (1) que la violencia es una buena forma para imponerse sobre los demás; (2) que se pueden utilizar palabras hirientes e insultantes a la hora de criticar; y (3) que «ser bravo, bocón, listo, impaciente y agresivo es el modelo a seguir.»[lxxiii]

Por otro lado, antes de cerrar esta sección es indispensable mencionar varios asuntos sobre la violencia doméstica en contra del hombre. En Puerto Rico, las mujeres son las que más actos de violencia psicológica cometen en contra de sus parejas masculinas. Y tenga en cuenta que la violencia psicológica, contrario a la creencia de algunos, es un asunto serio porque «puede ser tan perjudicial como el abuso físico, pues tiene la capacidad de afectar nuestra vida mental y, por lo tanto, nuestra personalidad.»[lxxiv]

En el caso de la violencia física dentro de las relaciones de pareja se puede decir que los hombres y las mujeres están, prácticamente, en la misma posición. Digo prácticamente ya que, aunque los hombres son los que suelen dar los golpes más fuertes, muchísimas mujeres agresivas adoran empujar, escupir, dar palmadas y lanzar objetos durante los altercados hogareños. Y en el caso de la violencia mortal, está claro que los hombres son los que dominan dicha categoría.

Ahora bien, debe quedar claro que parte de lo arriba escrito forma parte de las cifras obscuras de la conducta criminal. Las cifras oficiales que están relacionadas con actos violentos en las relaciones de pareja, que esconden la realidad del asunto, revelan que el hombre heterosexual es el que comete más actos de violencia en contra de la pareja. De hecho, las indicadas cifras oficiales erróneamente demuestran que, únicamente, el veinte por ciento de las querellas de violencia doméstica están relacionadas con mujeres heterosexuales abusando de sus parejas.[lxxv]

Debe saber que dije que las cifras oficiales sobre la violencia doméstica están plagadas de embustes ya que, además de que abundan los casos fabricados por parte de mujeres embusteras y fiscales mediocres, los hombres maltratados no suelen «acusar a las mujeres porque, entre otras razones, saben que es muy difícil todo el proceso.»[lxxvi]

A eso se le añade el hecho de que las estadísticas oficiales de la violencia doméstica, esconden el hecho de que la inmensa mayoría de los hombres maltratados por sus parejas femeninas está compuesta por hombres maltratados que, debido al poder que tiene el machismo para embrutecer la mente, creen que un hombre que denuncie a su pareja femenina es, además de pusilánime, «poco hombre.»[lxxvii]

Y no se puede obviar el hecho de que, salvo las estadísticas que recopilan las muertes violentas, las estadísticas oficiales sobre la violencia doméstica están plagadas de embustes ya que la gran mayoría de los hombres maltratados está compuesta por hombres que no presentan querellas debido a que creen: (a) que serán –debido a los patrones culturales imperantes– estigmatizados «por la misma sociedad»; y (b) que se convertirán «en blanco de burlas y descrédito.»[lxxviii]

Por último, ahora tengo la obligación de escribir sobre las mujeres abusadoras y la creación de seres violentos. Comienzo diciendo que todo el mundo sabe, incluso editores de prestigiosas publicaciones extranjeras, que Puerto Rico es un lugar violento.[lxxix] Y dicha violencia es tan cotidiana y cuantiosa que, para perjuicio de los cándidos, se ha convertido en una conducta normal y, en muchos casos, en una conducta aceptable.

Es por eso que, en Puerto Rico, «la normalización de la conducta abusiva se está dando en la escuela, en la familia, en la comunidad» y en los centros de trabajo.[lxxx] Y es por eso que, en los tiempos que corren, la normalización de la conducta abusiva nos ha llevado a creer que es «perfectamente aceptable (...) perder el control, enfurecerse por cualquier motivo, y hablar de forma sarcástica, burlona e hiriente cuando algo no nos agrada o se mete en el medio de nuestros deseos.»[lxxxi]

Sobre el asunto de la normalización de la conducta violenta en la familia tengo que decir que, en Puerto Rico –en donde la violencia y la marrullería se ensalzan–, la gran mayoría de las parejas jóvenes y adultas está compuesta por personas que viven dentro de unas tóxicas relaciones en las que los gritos, las palabras hirientes, los ataques a la autoestima, las humillaciones, los golpes y el deseo de imponerse son asuntos cotidianos. Y tenga en cuenta que, a diferencia de la creencia popular, la mujer joven y puertorriqueña –que es consumista, materialista y embustera– también participa de lo mencionado.

Es por eso que en los tiempos que corren, como escribí antes, hay muchos hombres que son víctimas de malos tratos por parte de sus parejas femeninas. Y es por eso que, a pesar de que la creencia popular dice que la agresiva y consumista mujer puertorriqueña es casi un ángel que no rompe ni un plato, todo lo antes discutido no le debe sorprender a nadie.

De hecho, en el caso de los actos de violencia física en las relaciones de pareja se sabe que –tanto en Puerto Rico como en otros países– en los tiempos que corren, en los que significativamente ha aumentado la cantidad de mujeres que consumen alcohol y drogas, «ya no es el hombre quien propina las golpizas, sino también las mujeres arremeten contra sus maridos [o parejas], lo que ha detonado en una violencia más drástica.»[lxxxii]

Habiendo dicho todo lo anterior, ahora debe saber que las mujeres heterosexuales que (además de ser madres) ejecutan actos de violencia doméstica en contra de sus parejas, al igual que las mujeres que (además de ser madres) viven dentro de unos tóxicos hogares en los que los actos violentos entre los adultos son cotidianos, juegan un papel central en la creación: (1) de niños agresivos; (2) de adultos agresivos; y (3) de seres humanos con condiciones mentales.

Lo primero que corrobora lo mencionado es que, para perjuicio de las próximas generaciones, numerosos estudios certifican que los menores de edad que viven en hogares tóxicos en los que los actos de violencia psicológica y/o física entre los adultos son cotidianos, suelen tener problemas en el desarrollo intelectual.[lxxxiii]

A lo dicho, que es preocupante, se le añade que los científicos sociales han demostrado que los menores de edad, si tienen la desgracia de vivir en hogares tóxicos en los que los actos de violencia entre los adultos (eso incluye actos de violencia ejecutados por mujeres heterosexuales que maltratan a sus parejas) son constantes, suelen repetir –en la adolescencia o en la adultez– los «patrones de dominación y violencia adquiridos en el hogar y reforzados por la sociedad, convirtiéndose en nuevos [...] victimarios de la violencia.»[lxxxiv]

B. Sección de ejemplos

Llegó, para alivio de los hombres maltratados y para desesperación de las mujeres abusadoras, el momento de ver y analizar varios ejemplos. El primer ejemplo que plasmaré, fue un caso que ocurrió en el municipio de Hatillo, Puerto Rico. Allí, en 2012, una celosa y agresiva mujer vio a su exnovio «paseando en una motora con su novia». Como consecuencia de eso la celosa mujer, con toda intención criminal, «lanzó su vehículo contra los enamorados provocándoles traumas de cuidado.»[lxxxv]

El segundo ejemplo, fue un violento caso que ocurrió en el municipio de Aguada, Puerto Rico. Allí, en 2012, una despreciable mujer insultó a su compañero sexual ya que este último no la quería ayudar con los quehaceres del hogar. Luego de eso, la mujer –al ver que los insultos no funcionaban– «tomó un cuchillo de cocina y comenzó a agredir al sujeto.» Cabe señalar que la cabrona mujer fue tan despiadada durante el ataque doméstico que, para bochorno de las mujeres que dicen que la mujer puertorriqueña es pacífica, una de las puñaladas le perforó un pulmón al caballero.[lxxxvi]

El tercer ejemplo, está relacionado con un caso que ocurrió en Aguadilla, Puerto Rico. Allí, una joven y peligrosa mujer le dio una tremenda paliza a su esposo. No conforme con eso, la mujer delincuente agarró un objeto punzante y apuñaló al indicado caballero. Cabe mencionar que la cabrona mujer hizo todo lo antes escrito por razón de que: (1) era parte de la gran morralla; y (2) sorprendió al caballero «borrando unos números de su teléfono celular.»[lxxxvii]

El último ejemplo que plasmaré, fue un caso que ocurrió en el municipio Carolina, Puerto Rico. Allí, en 2013, una mujer heterosexual y aburrida que estaba borracha y apestosa, discutió con su pareja sexual. Como la mujer notó que no podía dominar durante la discusión, le mordió el labio inferior al caballero. Cabe señalar que «la víctima, de 39 años, fue transportada al Centro Médico donde fue intervenido quirúrgicamente por un cirujano maxilofacial. Horas después fue dado de alta tras tomarle diez puntos de sutura...».[lxxxviii]

II. Maltrato de niños

A. Mujeres maltratadoras

Puerto Rico, en donde el sector privado se especializa en lavar el «dinero mal habido»,[lxxxix] es un tenebroso lugar para los niños. De hecho, la situación es tan tenebrosa que la mayoría de los menores de edad está compuesta por menores de edad que son continuamente maltratados por sus progenitores. Y eso se torna en un asunto todavía más tenebroso cuando se sabe que las agencias gubernamentales que tienen que lidiar con el asunto del maltrato contra los menores de edad, no tienen ni los recursos humanos ni los recursos materiales para adecuadamente lidiar con dicho problema social.

Dicho eso, es necesario indicar que las madres son las que, al compararlas con los padres y con otros encargados, ocupan la primera posición cuando hablamos de personas que cometen actos de maltrato contra menores de edad. Diariamente, miles de progenitoras que habitan en Puerto Rico: (a) les gritan a sus hijos; y (b) les pegan a sus hijos. También, diariamente, miles de progenitoras insultan (con palabras soeces) y laceran la autoestima de sus hijos.

A lo dicho se le suma el hecho de que, para perjuicio de los menores de edad, muchas mujeres puertorriqueñas se han convertido en seres peligrosos para sus hijos. Digo eso ya que, cada vez con más frecuencia, han aumentado los casos en los que las madres asesinan a sus hijos o cometen agresiones agravadas –grave daño corporal– contra sus hijos.[xc]

Sobre las causas del maltrato de menores, específicamente cuando hablamos sobre mujeres que maltratan, cabe señalar que la principal causa está relacionada con la torpeza intelectual de muchísimas mujeres. Digo eso ya que la gran mayoría de las madres (de menores de edad) que viven en Puerto Rico está compuesta por mujeres jóvenes que, además de ser consumistas y hedonistas, se ponen a follar: (1) sin protección sexual; (2) con hombres pobres y agresivos; y (3) sin reflexionar sobre el hecho de que ellas no están en las mejores condiciones (ni económicas, ni mentales ni emocionales) para parir y criar hijos.

Todo eso provoca que muchas de esas mujeres, luego de parir a sus hijos no planificados: (a) tengan muchísimos episodios de estrés y de tristeza por culpa de situaciones relacionadas con la falta de dinero y con la falta de tiempo para tratar de perseguir deseos;

(b) descarguen sus frustraciones sobre los cuerpos y los cerebros (en el caso del maltrato psicológico) de sus pobres hijos; y (c) sostengan –continuamente– fuertes discusiones con sus parejas, la mayoría de ellas relacionadas con dinero, deudas y tiempo.

A eso se suma que muchísimas jovencitas, que adoran ver programas televisivos con un alto contenido de absurdidades amorosas y sociales, comienzan a follar irresponsablemente antes de culminar sus estudios. Y muchísimas de esas lerdas, por no haber recibido una adecuada educación sexual, terminan convirtiéndose en madres pobres, brutas y emocionalmente inestables. Por eso no causa sorpresa, al estudiar detalladamente el problema social del maltrato de menores de edad, encontrar jovencitas inmaduras y con poca escolaridad ejecutando salvajadas contra sus hijos.

También están las mujeres heterosexuales que, debido a que la voluntad domina sus pensamientos, se ponen a follar sin debidamente conocer a sus parejas. Eso provoca que muchas de esas mujeres, luego de terminar embarazadas a manos de unos pobres patanes que lo único que deseaban era llenarlas de esperma y saliva, terminen convertidas en madres solteras y estresadas.

El gran problema con ello es que la mayoría de esas mujeres, que tienen que mantenerse a sí mismas y que tienen que cargar con todas las pesadas cadenas que están relacionadas con la crianza de hijos, terminan sufriendo de «ansiedad, depresión, desesperanza e ira.» Por eso no es extraño que muchas de esas pobres, lerdas y agobiadas mujeres, en especial si son bien jovencitas, terminen malamente descargando «todos esos sentimientos acumulados en [contra de] los hijos.»[xci]

Cabe mencionar, por último, que muchas mujeres maltratan física y/o psicológicamente a sus hijos ya que aprendieron, desde temprana edad, que la violencia es un buen «mecanismo para resolver los conflictos» y para imponer disciplina.[xcii] Es por eso que el maltrato de menores es una conducta que, aunque resulte triste reconocerlo, se transmite de una generación a otra.

B. Sección de ejemplos

Llegados a este punto, es hora de ver varios ejemplos. El primer ejemplo que plasmaré, fue un horrible caso que ocurrió en Trujillo Alto, Puerto Rico. Allí, una flaca mujer –llamada Coraly Campos Rodríguez– asesinó a sus dos hijos.

Cabe señalar que los hechos de este triste caso fueron sumamente horripilantes, ya que la perversa mujer –que debería ser empalada al estilo Drácula en la plaza del pueblo– agarró un largo y filoso cuchillo y, sin ningún tipo de remordimiento, apuñaló a sus dos inocentes y tiernos hijos. Luego de eso, y sin sentir compasión al ver a uno de sus hijos con las vísceras por fuera, roció gasolina en el cuarto de los niños y quemó los cadáveres.[xciii]

El segundo ejemplo que plasmaré, fue un caso que ocurrió en la violenta y contaminada ciudad de San Juan, Puerto Rico. Allí, en 2006, una torpe madre que no sabía sobre técnicas adecuadas de crianza de niños y que no tenía la madurez adecuada para estar follando, le «provocó a su hijita quemaduras severas de segundo grado al sentarla sobre la hornilla caliente para presuntamente reprenderla.»

Cabe señalar que la abuela de la niña de tres meses de nacida, varios días después de la mencionada atrocidad maternal, «se percató de lo sucedido (...) y le notificó los hechos a la Policía.»[xciv]

Para terminar, utilizaré un caso que ocurrió en España. Hago eso para que usted vea que en otras partes del mundo, no solo en Puerto Rico, también hay madres que asesinan a sus hijos. En el mencionado lugar, una perturbada madre mató a su hija (de tres años de edad). Cabe mencionar que la asesina, quien en una ocasión había manifestado que «mataría a su hija antes de que se la quitaran»,[xcv] mató a su pequeña hija ya que el gobierno le había informado, por medio de una comunicación oficial, que le quitaría la custodia sobre la menor de edad.

Capítulo cuatro
Mujeres que agreden sexualmente

I. **Agresoras sexuales**

A. **Mujeres que agreden sexualmente**

Puerto Rico, que es un odioso lugar en el que los marrulleros y los embusteros tienen una enorme facilidad para hacerse ricos por medio de la política partidista, se ha convertido en un paraíso para los agresores sexuales. Digo eso ya que en ese podrido, caribeño y corrupto archipiélago, «una de cada cuatro niñas y uno de cada seis niños son víctimas [...] de abuso sexual antes de cumplir los 18 años.»[xcvi]

También se sabe que en Puerto Rico, donde «el 63 por ciento del estudiantado universitario no se llega a graduar,»[xcvii] la inmensa mayoría de los criminales que ejecutan agresiones sexuales está compuesta por varones. Eso significa que las hembras que habitan en Puerto Rico, incluyendo las niñas y las adolescentes, son las principales víctimas del «abuso sexual.»[xcviii] Y de todas esas hembras, las que están entre los 16 y los 24 años de edad son «cuatro veces más vulnerables a la violencia sexual.»[xcix]

Cabe mencionar que a nivel mundial, la situación es similar. Es decir, las hembras son las principales víctimas del abuso sexual. Y lo más repugnante de ese dato es que, en este valle de pedófilos y pederastas, «una de cada cinco niñas es objeto de abusos sexuales al menos una vez en su vida.»c

Explicado eso, es necesario saber que en los últimos lustros ha habido un pequeño aumento en los casos de mujeres ejecutando agresiones sexuales en contra de menores de edad. Cabe mencionar que muchísimos de esos casos –la mayoría– están relacionados con mujeres bellacas que, pensando en el mejor bienestar de sus vaginas, utilizan sus posiciones de confianza para ejecutar sus fechorías sexuales.

Un buen ejemplo sobre ello, que ocurre con bastante frecuencia, está relacionado con maestras y con entrenadoras deportivas que utilizan sus posiciones de liderazgo para sostener relaciones sexuales e ilegales con adolescentes del sexo masculino.ci

En importante mencionar, teniendo lo anterior en la cabeza, que muchísimos –la inmensa mayoría– de los casos que están relacionados con agresiones sexuales ejecutadas por mujeres adultas en contra de adolescentes del sexo masculino no son reportados a las autoridades. ¿Sabe por qué? Porque la gran mayoría de los adolescentes del sexo masculino que son sexualmente agredidos por mujeres adultas, está compuesta por jovencitos que piensan que las agresoras les han permitido tener unas primeras y placenteras experiencias sexuales.

De igual forma piensan muchos de los padres de los mencionados adolescentes. Es decir, en los países (como Puerto Rico y Chile) con altos niveles de machismo –donde es usual que las mujeres físicamente atractivas suelan ser objetos deseados, sexuales y explotados por los medios de comunicación– es normal que muchos adultos, entre ellos los propios padres de los adolescentes agredidos, machistamente piensen que una mujer adulta y físicamente bella que haya sostenido cariñosa y tiernamente relaciones sexuales e ilegales con un adolescente del sexo masculino, no ha hecho más que hacerle «un favor» sexual al inexperto adolescente. Es por eso que muchos padres de adolescentes del sexo masculino que son sexualmente agredidos por mujeres adultas, no presentan cargos criminales ni quejas administrativas.

También debe tenerse en cuenta que, muchos de los varones sexualmente agredidos piensan que sus experiencias sexuales e indebidas les darán respetabilidad entre sus pares. Ahora bien, en ocasiones esas habladurías y alardes provocan que los hechos lleguen a oídos de adultos responsables. Lo que causa, correctamente, que las agresoras sexuales sean criminalmente procesadas.

Y dije correctamente ya que el adolescente del sexo masculino que es sexualmente agredido por una mujer adulta, aunque dicho adolescente esté cerquita de la mayoría de edad, «no es un aventajado con suerte que se desvirga con una diosa», sino que es un menor de edad «violado, vulnerado en sus derechos y aplastado en sus sueños...».[ciii]

Por último, antes de cerrar la sección es indispensable mencionar varios datos sobre las agresoras sexuales. Lo primero que debe saber, es que la gran mayoría de las mujeres que ejecutan agresiones sexuales ilícitas en contra de menores de edad está compuesta por mujeres que fueron sexualmente agredidas cuando eran menores de edad.[civ] Lo segundo que debe saber, es que el veinticinco por ciento de todos los abusadores sexuales (de menores de edad) que hay en el mundo está compuesto por mujeres.[cv]

Lo tercero que debe saber es que, para la bellaca mujer –para muchísimas de ellas– que sexual e ilegalmente sostiene relaciones sexuales con un adolescente del sexo masculino, la relación abusiva (además de los orgasmos y de las chupadas de vagina) le da «la ilusión de amar y ser amada por alguien poco exigente y se convierte en un hecho extremadamente gratificante.»[cvi]

Lo cuarto que debe saber es que hay depredadoras sexuales que, debido a que sienten atracción sexual hacia seres humanos de su mismo sexo, cometen actos de agresión sexual contra adolescentes del sexo femenino.[cvii]

Y lo quinto que debe saber es que el sistema de justicia criminal, muchas veces, le da un trato diferente, deferente y condescendiente a la bellaca, adulta y joven mujer que ha utilizado su vagina, sus tetas, su lengua y sus manos para cariñosa, ilegal y sexualmente agredir a un adolescente del sexo masculino.[cviii]

B. Sección de ejemplos

Llegados a este punto, es hora de ver varios ejemplos. El primer ejemplo que plasmaré, está relacionado con una maestra puertorriqueña. Digo eso ya que, en 2011, una maestra que laboraba en un colegio privado fue arrestada por motivo de que, ilegalmente, sostuvo «relaciones sexuales con un estudiante de 12 años.»[cix]

El segundo ejemplo que plasmaré, fue un caso que ocurrió en Isabela, Puerto Rico. Allí, una bellaca maestra: (1) llevó a un menor de edad a un motel; y (2) sostuvo relaciones sexuales ilícitas con dicho menor. Cabe señalar que la bellaca mujer, por esas bellaquerías, fue criminalmente procesada. Cabe señalar, además, que el juez que atendió el caso le dijo a la pederasta que no podía «trabajar con menores, (...) residir cerca de escuelas ni tener acceso a correos electrónicos.»[cx]

El tercer ejemplo que plasmaré, está relacionado con una madre puertorriqueña. Sobre los hechos del caso, lo primero que debe saber es que la mujer – madre de tres menores– invitó a su vecino de doce años de edad a su residencia. Luego de eso, la bellaca mujer sostuvo relaciones sexuales e ilegales con el menor de edad.

También debe saber que, «días después, el niño le preguntó a una de sus maestras si una mujer podía quedar embarazada por sostener ese tipo de relaciones. La maestra de inmediato dio la voz de alerta a las autoridades.»[cxi]

II. Cooperadoras del abuso sexual

A. Cooperadoras y encubridoras

Todo el mundo sabe –pero con mayor comprensión los habitantes de países hambrientos y los trabajadores que ganan salarios de hambre en los países desarrollados– que nuestro banal planeta no es más que un «mundo de sufrimientos infinitos.»[cxii]

También es de conocimiento general que el ser humano, que es la única imperfección de la naturaleza, es «una fiera salvaje y espantosa.»[cxiii] Y el salvajismo del ser humano es tan natural que, sin importar clases sociales, todo ser humano es capaz de ejecutar «cualquier maldad.»[cxiv]

Pues bien, es triste tener que reconocer que en Puerto Rico, donde la mayoría de los adultos está compuesta por personas que no visitan las bibliotecas, muchísimas madres permiten que sus parejas sexuales agredan sexualmente a sus hijas. De hecho, han sido muchísimos los casos en los que las propias madres han participado y/o cooperado durante las agresiones sexuales en contra de sus propias hijas. También hay madres insensatas que, con el interés de ganar billetes, obligan a sus hijas a prostituirse.

Además de eso, es triste tener que reconocer que en Puerto Rico hay muchas mujeres inútiles y perversas que, poniendo sus propios orgasmos por encima del bienestar de sus propias hijas: (a) saben que sus hijas son sexualmente agredidas; y (b) no denuncian a los agresores sexuales de sus hijas.

Sobre las causas de esas aberrantes acciones, cabe señalar que casi todas esas delincuentes hacen lo mencionado por motivo de que: (1) no tienen un elevado coeficiente intelectual; y (2) tienen la autoestima por el piso. Mientras que el resto, que son las menos, son mujeres que sufren de serios problemas psicológicos.

Una confirmación de lo indicado la encontramos en un análisis realizado por psicólogos clínicos de la **Universidad La Salle**, ubicada México. Según dicho análisis, que fue publicado en 2013, «las mujeres con baja autoestima y problemas emocionales son más susceptibles a hacer cualquier tipo de acción por sus parejas, aunque eso implique ir contra los valores personales.»[cxv]

B. Sección de ejemplos

Llegados a este punto, es hora de observar varios ejemplos. El primer ejemplo que plasmaré fue un horroroso caso que ocurrió en el municipio de Morovis, Puerto Rico. Allí, en pleno siglo XXI, una perversa y bellaca mujer que tenía un torcido apetito sexual, obligaba a sus hijas a participar en unas asquerosas orgías sexuales que «tenían lugar de cuatro a cinco veces por semana.» Cabe mencionar que dichas orgías, organizadas por la «madre» y por el «padrastro» de las menores, eran tan concurridas que participaban «vecinos, amigos, compañeros de trabajo, tíos y hasta un abuelo» de las menores abusadas.[cxvi]

El segundo ejemplo que plasmaré, que provoca náuseas, fue un caso que ocurrió en el municipio de Yabucoa, Puerto Rico. Allí, allá por 2006, una niña de diez años de edad: (1) fue sexualmente penetrada por el novio de su perversa progenitora; y (2) terminó embarazada. Ahora bien, lo más nauseabundo e incomprensible del caso fue que la madre de la niña «presenció cómo violaban a su pequeña en dos ocasiones, allí en su propia casa, y calló el imperdonable crimen. Protegió al bestia de su marido, volviéndose cómplice al punto de ir a la Policía junto a él para que la niña dijera que un desconocido la violó...».[cxvii]

El tercer y último ejemplo que plasmaré, está relacionado con una perversa mujer llamada «Betsian Carrasquillo Peñalosa, alias *'Gordi la Comehombres'*». Esa psicópata, sin sentir remordimientos y con el interés de ganar billetes, prostituía a su hija de catorce años de edad. Cabe señalar que los encuentros sexuales de la menor, en los que terminaba «mancillada», «vejada» y «destruida», ocurrían en los costosos hoteles de Puerto Rico.[cxviii]

III. Depredadoras sexuales en el extranjero

«Asumimos que las mujeres son más pacíficas, más gentiles, más dadas a criar, a educar, (...) pero las mujeres han estado envueltas en genocidios, las mujeres violan, las mujeres cometen actos de terrorismo, torturan.»[cxix] Y sobre eso de que las mujeres violan, no se puede negar que hay depredadoras sexuales por doquier.

Ahora bien, lo más sorprendente sobre el asunto de las depredadoras sexuales es que, en el primer mundo, ha habido un notable aumento en los casos en los que uno puede ver a mujeres bellacas cometiendo actos sexuales indebidos en contra de menores de edad. Clara prueba está en que en el Reino Unido, en donde es normal que las mujeres sean agresivas a la hora de buscar parejas sexuales, hay cerca de «64,000» depredadoras sexuales.[cxx]

En el caso de los países latinoamericanos, en donde muchos jovencitos desean follar con mujeres adultas y físicamente atractivas, cada vez hay más depredadoras sexuales. Ahora bien, en dichos países se da el fenómeno de que la inmensa mayoría de los casos que están relacionados con mujeres adultas follando con menores de edad del sexo masculino, no salen a la luz pública.

¿Y por qué no salen a la luz pública la mayoría de los indicados casos? Porque el asunto de las mujeres adultas –depredadoras sexuales– que cometen actos de abuso sexual contra adolescentes del sexo masculino, «se esconde en la reafirmación de la virilidad.»

De hecho, en los países latinoamericanos (que son unos países pobres que están llenos de machistas y de políticos corruptos) es normal que los adolescentes sexualmente agredidos por mujeres adultas –al igual que muchos familiares de los menores, y al igual que muchos miembros de los sistemas de justicia criminal– entiendan, y no hay por qué andar con tapujos ni hipócritas atenuaciones, que los abusos sexuales cometidos por mujeres adultas y bellacas hay que aprovecharlos ya que son parte de la «iniciación sexual temprana.»[cxxi]

¿Y qué ocurre, en los países latinoamericanos en los que el machismo es elevado, cuando una depredadora sexual agrede sexualmente a una adolescente del sexo femenino? En esos casos, la gente no suele ser muy tolerante. Además, en esos países es común que los sistemas de justicia criminal sean duros con las depredadoras sexuales que cometen actos de agresión sexual contra adolescentes del sexo femenino.

Capítulo cinco
Mujeres y delitos sexuales

I. **Hostigamiento sexual**

Todo el mundo sabe que el hostigamiento sexual en el empleo «se manifiesta de diversas formas, desde insinuaciones de tipo sexual directa o indirectas que pueden llegar desde los actos más sutiles y disimulados de contacto físico hasta la agresión sexual simple o agravada.»[cxxii] También es de conocimiento general que las mujeres, tanto en Puerto Rico como en otras partes del mundo, son las principales víctimas del hostigamiento sexual en el empleo.[cxxiii]

Dicho eso, es importante tener en cuenta que la gran mayoría de las víctimas de hostigamiento sexual en el empleo está compuesta por personas que «prefieren y optan por no informar el mismo por temor a perder el empleo, a las represalias de sus superiores, al rechazo que en algunas ocasiones pueden sufrir de parte de sus [...] familiares y debido a los patrones culturales imperantes en nuestra sociedad.»[cxxiv]

Explicado eso, debe notar que dije que los patrones culturales imperantes impiden que muchas víctimas reporten a sus acosadores sexuales. Pues bien, dichos patrones culturales imperantes impiden o dificultan, en muchísimos países, que hombres sexualmente hostigados por mujeres reporten a sus acosadoras sexuales. Lo dicho significa que en Puerto

Rico, en donde la mujer poco a poco ha ido alcanzando posiciones de supervisión y administración, también ocurren incidentes de hostigamiento sexual contra hombres por parte de mujeres que son jefas, supervisoras y administradoras.

¿Y cuáles son los mencionados patrones culturales imperantes? En primer lugar, Puerto Rico es un pequeño archipiélago en el que la gran mayoría de los hombres heterosexuales está compuesta por machistas. Por culpa de ese machismo, los hombres aprenden que deben aprovechar todas las oportunidades que se les presenten para –aunque sean sus jefas o supervisoras– follar con mujeres que, por lo menos, provoquen algún grado de deseo sexual. Inclusive, los varones puertorriqueños aprenden que se deben sentir alagados cuando una mujer, aunque sea supervisora o administradora, toma la iniciativa a fin de sostener relaciones sexuales.

Es por eso que muchos hombres (la mayoría) heterosexuales que son sexualmente hostigados por mujeres que ocupan posiciones de supervisión o de administración no suelen sentirse sexualmente acosados, y, generalmente, «ceden a la presión. Prefieren mirarse como objetos del deseo, pero bajo una connotación que lejos de cosificarlos les aumenta el ego de macho.»[cxxv]

Otro «patrón cultural imperante» que permite que muchísimas acosadoras sexuales no sean castigadas ni reportadas, es que el machismo le hace creer al varón heterosexual que si denuncia a una jefa, a una supervisora o a una compañera de trabajo por haber cometido un acto de hostigamiento sexual en su contra, demuestra que es un pendejo y un pusilánime que no tiene espacio en el mundo de los machos.

A eso se añade que los varones heterosexuales, aquí en la machista isla de Puerto Rico, son embrutecidos con la finalidad de que crean que los verdaderos machos: (a) no lloran en público; y (b) no radican querellas contra mujeres, especialmente si son querellas sobre hostigamiento sexual, actos lascivos o acercamientos sexuales indebidos.

Con lo anterior en mente, puedo decir que el hostigamiento sexual en el empleo por parte de las mujeres es un discrimen sexual que, en la inmensa mayoría de las ocasiones, goza de gran impunidad. Y las mujeres en posiciones de liderazgo, que cada vez son más, lo saben y se aprovechan de ello.

También puedo decir que algunos patronos, toman con menos seriedad las querellas de hostigamiento sexual que presentan los empleados del sexo masculino contra supervisoras, jefas o compañeras de trabajo. De hecho, son muchísimos los patronos que piensan que detrás de las querellas de hostigamiento sexual que presentan los hombres en contra de las mujeres se esconden otras razones.

Dicho eso, entiendo que debo plasmar –por no existir en Puerto Rico estadísticas confiables– algunos datos sobre el hostigamiento sexual por parte de mujeres en los Estados Unidos continentales. Lo primero que tengo que decir, es que las querellas de hostigamiento sexual presentadas por hombres en contra de mujeres han aumentado significativamente.[cxxvi]

Lo dicho me ha hecho recordar un caso que está relacionado con el Servicio de Inmigración y Control de Aduanas de los Estados Unidos (ICE, por sus siglas en inglés). Digo eso ya que, en 2012, una jefa (mujer) de dicha agencia fue obligada a renunciar ya que, por ser una educada bellaca, sexualmente hostigó a tres empleados del sexo masculino.[cxxvii]

Lo segundo que debo señalar es que en los Estados Unidos continentales, a pesar de que la gran mayoría de las víctimas de hostigamiento sexual está compuesta por mujeres que despiertan algún grado de deseo sexual, se han reportado tantos casos de hostigamiento sexual en contra de hombres –y ejecutados por mujeres– que ya han comenzado a publicarse estudios sobre dicho asunto.

Uno de dichos estudios, realizado –y dado a conocer en 2013– por investigadores de la *Universidad Estatal de Michigan,* demuestra que el hostigamiento sexual en contra de los hombres (y ejecutado por mujeres) suele tener repercusiones nefastas en la mente de los hombres que rechazan tenazmente el hostigamiento sexual.[cxxviii]

Por último, debe haber notado que mencioné líneas arriba que el hostigamiento sexual es un discrimen. Pues bien, dije eso ya que jurídicamente se ha reconocido que el hostigamiento sexual en el empleo es, además de desagradable, «una forma de discrimen por razón de sexo y como tal constituye una práctica ilegal e indeseable que atenta contra el principio [...] establecido de que la dignidad del ser humano es inviolable.»cxxix

II. Actos lascivos

Este mundo, que está lleno de sacerdotes pederastas y de sacerdotes pedófilos, está lleno de adictos al sexo. De hecho, se estima que el seis por ciento de la población mundial es adicta al sexo. También se sabe que, dos de cada diez adictos al sexo pertenecen al sexo femenino.cxxx

Ya que he hecho mención del sexo femenino, debo señalar que el mundo está lleno de mujeres adultas que sienten una fuerte atracción sexual hacia los adolescentes. También abundan las depredadoras sexuales; o, por decirlo de otra manera, muchas mujeres ejecutan actos de agresión sexual contra menores de edad.cxxxi Por eso es correcto decir que, actualmente, «son muchas las mujeres pederastas y el problema es más grande de lo que la gente cree.»cxxxii

Otro dato que debe saber es que, en el mundo hay más mujeres pedófilas que depredadoras sexuales. También debe saber: (a) que hay mujeres adultas que sienten atracción erótica o sexual hacia menores del sexo femenino; y (b) que hay depredadoras sexuales que buscan víctimas del sexo femenino.

Habiendo dicho eso, debe saber que en Puerto Rico ocurren muchos casos (la gran mayoría de esos casos no sale a la luz pública) en los que mujeres adultas ejecutan actos lascivos contra menores de edad. Así, por ejemplo, hay mujeres que –sin exigir ser anal o vaginalmente penetradas–: (1) les exigen a los menores que les chupen las tetas y la vagina; y (2) masturban a los menores de edad.

Cabe señalar que la gran mayoría de las mujeres que ejecutan actos lascivos en contra de menores de edad, está constituida por mujeres que han «establecido vínculos estrechos» con sus víctimas. Por eso son comunes los casos en los que vecinas, «cuidadoras, profesoras o maestras» ejecutan actos lascivos en contra de menores de edad.[cxxxiii] Cabe señalar, además, que las mujeres adultas –la mayoría– que ejecutan actos sexualmente impropios contra menores de edad, ejecutan tales actos contra menores de edad del sexo masculino.

III. Incesto

El incesto es, en apretada síntesis, un acto sexual e ilegal por medio del cual un sátiro sexual sostiene relaciones sexuales con un ascendiente, descendiente o colateral. Cabe señalar que, dentro de las prohibiciones legales relacionadas con el incesto está la que «incluye la relación de padre e hijo por adopción o hermano por adopción.»[cxxxiv]

Debo indicar, teniendo lo anterior en mente, que en Puerto Rico han ocurrido casos –aunque pocos– en los que las propias madres han obligado a sus hijos a sostener relaciones sexuales con ellas. En la mayoría de esos pocos casos, uno puede notar que las víctimas tienen un coeficiente intelectual bajo.

También ocurren casos en los que las víctimas, padecen de serios problemas mentales.[cxxxv]

IV. Pornografía infantil

Todo el mundo sabe que «la pornografía infantil hace referencia a todas las representaciones visuales, gráficas o textuales que, de manera real o simulada, involucran a niños o adolescentes en actividades sexuales.»[cxxxvi] También es de conocimiento general que, a nivel mundial, la gran mayoría de los pornógrafos infantiles está compuesta por personas del sexo masculino.[cxxxvii]

Ahora bien, cada lustro aumenta la cantidad de mujeres que, aunque sepan que es ilegal, se involucran en actos relacionados con la pornografía infantil. La gran mayoría de esas mujeres, está compuesta por mujeres que utilizan artefactos tecnológicos para almacenar y observar pornografía que involucra a menores de edad.

También hay mujeres, tanto en Puerto Rico como en otras partes del mundo, que juegan un papel protagónico a la hora de producir pornografía infantil. Así, por ejemplo, hay mujeres que hacen todo lo que sea necesario para que los pornógrafos infantiles del sexo masculino consigan víctimas. También hay mujeres (todavía son pocas) que, directamente, están vendiendo y/o produciendo pornografía infantil.[cxxxviii]

Dicho eso, imagino que muchos puedan preguntarse las razones por las que cada lustro hay más mujeres involucradas en la producción y en la venta de pornografía infantil. Para contestar dicha pregunta comienzo diciendo que algunas mujeres, han aprendido que por medio de la pornografía infantil pueden ganar buenos billetes. Ellas, al igual que sus colaboradores, saben que los consumidores de pornografía infantil están dispuestos a pagar mucho dinero por las mencionadas asquerosidades.

Sobre el asunto de las ganancias monetarias que produce la pornografía infantil, no está de más mencionar que dicha asquerosidad y perversidad es «el tercer delito que más ganancias les genera a nivel mundial a grupos del crimen organizado, los cuales obtienen más de 30,000 millones de dólares al año, sólo por debajo del narcotráfico y la trata de personas.»[cxxxix]

Por último, antes de cerrar esta sección es indispensable que mencione varios asuntos importantes. Lo primero que tengo que mencionar es que, como ocurre en Puerto Rico y en Colombia, si una persona «observa», «produce», «reproduce», «distribuye», «compra» y/o «almacena» pornografía infantil comete un acto delictivo.[cxl]

Es por eso que, por lo menos jurídicamente, el delito de pornografía infantil tiene buenas garras para arrestar y enjuiciar a los pornógrafos infantiles. De hecho, el delito de pornografía infantil incluye tantas acciones que ni los familiares ni los amigos cercanos de las víctimas pueden salvarse de la mano dura del Estado si, asquerosamente, cometen actos de pornografía infantil.

Lo segundo que tengo que escribir es que en Puerto Rico, en donde hay muchísimas leyes que buscan proteger a los menores de edad, hay muchísimos grupos que se dedican a la pornografía infantil. Esos depravados –y también hay depravadas– suelen operar «en la privacidad de sus hogares, almacenando en los discos duros de sus ordenadores explícitas imágenes de menores mediante programas de intercambio de archivos que usan otros explotadores de menores en Puerto Rico y el exterior.»cxli

V. Prostitución femenina

Se sabe que en Puerto Rico, en donde muchas personas consiguen buenos empleos en el sector gubernamental por medio de amoríos con personas que tienen acceso a los círculos del poder gubernamental, la prostitución es ilegal. También se sabe que la prostitución libremente ejercida (sin proxenetas envueltos), es un negocio dominado por mujeres. Es decir, en Puerto Rico hay más prostitutas que prostitutos ejerciendo libremente la prostitución. Y tenga en cuenta que dije prostitutos ya que, para beneficio de las mujeres maduras que adoran los cuerpos de los hombres jóvenes y guapos, hay hombres –aunque pocos– que libremente les ofrecen servicios sexuales a las mujeres maduritas.

Es importante mencionar que en Puerto Rico, en donde muchos viejos adinerados utilizan los costosos y exquisitos servicios sexuales que ofrecen las putas de alta calidad, la prostitución femenina se subdivide en tres grupos.

En el primer grupo, tenemos la prostitución femenina de bajo nivel. Por lo regular, dentro de ese grupo están las usuarias de drogas que utilizan la prostitución callejera: (a) para mantener sus vicios; y (b) para alimentarse. Es necesario saber que en este tipo de prostitución, que no es saludable, no es extraño encontrar criminales que intimidan y amenazan a las mujeres.

Dentro del segundo grupo, que es el más numeroso en Puerto Rico, tenemos mujeres que ofrecen servicios sexuales con la finalidad de obtener billetes para pagar estudios, alimentos, rentas, entre otros gastos cotidianos.

Es por eso que, para beneficio de los bellacos, dentro de este enorme grupo de prostitutas uno puede encontrar: (1) universitarias; (2) bailarinas exóticas (solo algunas ofrecen servicios sexuales) que libremente ofrecen servicios sexuales; y (3) muchísimas mujeres que –a tiempo parcial– ofrecen servicios sexuales para poder ganar un dinerito adicional.

Dentro del tercer grupo, que solo es accesible a personas adineradas, tenemos mujeres bellas e inteligentes (y también hay hombres) que, a cambio de muchísimo dinero, ofrecen servicios sexuales.

Por lo regular, dichas prostitutas les ofrecen servicios sexuales a banqueros, políticos, médicos, abogados ricos, artistas millonarios y, sobre todo, a deportistas que ganan millones de dólares. Cabe señalar que muchas de esas joyas sexuales, por tener clientes exclusivos, suelen viajar fuera de Puerto Rico para ofrecerles sus servicios sexuales a sus adinerados y exclusivos clientes.[cxiii]

Por último, aprovecho la oportunidad para decir que este pobre e insignificante escritor cree que la libre prostitución debe ser legalizada. Es totalmente irracional que una mujer adulta y libre, que tiene libertad para legalmente convertirse en una cazafortunas, sea arrestada por libremente ofrecer servicios sexuales a cambio de billetes.

Además, se sabe que las mujeres adultas y libres (y los hombres adultos y libres) que viven en las plutocracias capitalistas y cuasi democráticas –como los Estados Unidos de América–: (1) pueden libremente determinar cómo usar sus frágiles cuerpos; y (2) pueden ofrecer servicios artísticos y sexuales (actrices porno) por medio de la pornografía.

En fin, toda mujer –como han demostrado las cazafortunas (también hay hombres) que por interés económico se han convertido en parejas sexuales de personas ricas– tiene derecho a utilizar «el placer o el sexo como una fuente de ingresos.»[cxliii]

Lo único que debe penalizarse, hablando sobre la prostitución, es la prostitución infantil y, además, el comercio sexual que termine beneficiando a un malvado proxeneta. Y sobre esto del proxenetismo debo mencionar que, a nivel mundial, «nueve de cada diez personas que se prostituyen dependen de un proxeneta o padrote.»[cxliv]

VI. Sección de ejemplos

Llegados a este punto, es hora de ver ejemplos. El primer ejemplo que plasmaré fue un triste caso que ocurrió en Corozal, Puerto Rico. Allí, una mujer fue arrestada ya que –en violación a la ley y a la decencia– constantemente sostenía relaciones sexuales e ilegales con sus dos hijos. Cabe señalar que las dos víctimas, del sexo masculino, sufrían de «retraso mental» severo.[cxlv]

El segundo ejemplo que plasmaré, que también está relacionado con el tema de la justicia ciudadana, fue un caso que ocurrió en San Juan, Puerto Rico. Allí, una apestosa y horrible mujer se pasaba cometiendo actos lascivos y agresiones sexuales contra dos vecinitas que tenían cinco y siete años de edad. Cabe señalar que la bellaca mujer, por esos asquerosos actos, fue penalmente procesada.

Dicho eso, debe haber notado que mencioné que el anterior ejemplo estaba relacionado con el tema de la justicia ciudadana. Pues bien, dije eso ya que varios vecinos de la mujer tomaron la justicia en sus manos. De hecho, esos valientes vecinos: (1) le dieron una paliza a la mujer cuando se enteraron de lo sucedido; y (2) obligaron a la mujer –por medio de amenazas creíbles– a mudarse de su residencia.[cxlvi]

Capítulo seis
Mujeres atracadoras y extorsionistas

I. Robadoras

A. Mujeres que roban

La mujer, particularmente en las plutocracias capitalistas que se parecen a una democracia, se ha insertado en el mundo laboral. Esa integración ha sido tan abarcadora que, tanto en el mundo laboral oficial como en el bajo mundo, la mujer está realizando trabajos que eran asuntos cuasi exclusivos de los varones. Así, por ejemplo, en los mencionados países hay mujeres:(1) que trabajan como mecánicas de automóviles; (2) que ilegalmente transportan substancias controladas; (3) que trabajan como entrenadoras de boxeo; y (4) que trabajan como mecánicas de aviones.

Por eso se puede decir que la inserción de la mujer en el mundo laboral, unido al enorme embrutecimiento relacionado con el materialismo –y unido a una enorme exposición al consumismo salvaje–, han causado una mayor participación de la mujer en el mundo criminal.

Y tenga en cuenta que dije que el materialismo está relacionado con la delincuencia femenina ya que «una sociedad que se basa en el individualismo y se mide por la acumulación de cosas, ejerce una presión insoportable sobre el individuo, que lo lleva hasta el límite y de ahí a un paso de cometer delitos...».cxlvii

También debe tenerse en cuenta, al momento de analizar la delincuencia femenina, que los roles sociales y familiares han cambiado muchísimo en muchísimos países. Debido a eso, la mujer es un ser libre que «no depende del hombre, es jefa de familia y al mismo tiempo es sujeto de las presiones sociales como la pobreza y la falta de oportunidades, que en muchos casos la lleva a delinquir por necesidad.»cxlviii

Dicho eso, ahora tengo que decir que la gran mayoría de los asaltantes está constituida por hombres. También tengo que decir que, históricamente, la gran mayoría de los asaltantes peligrosos –como los criminales que roban vehículos de motor a mano armada, y como los criminales que asaltan negocios a mano armada– ha estado constituida por varones.

Ahora bien, en los últimos años ha habido un aumento significativo en los casos de mujeres asaltantes. Por lo regular, la gran mayoría de las robadoras está constituida por mujeres que utilizan drogas. Debido a eso, no es extraño que dichas mujeres terminen utilizando las ganancias de sus robos para comprar drogas en los puntos de drogas.

Ahora tengo que decir, habiendo dicho lo anterior, que uno de los asuntos más fascinantes dentro del tema de las mujeres asaltantes es el dato que demuestra que muchísimas mujeres bellas y perfumadas, para perjuicio de los hombres apacibles, se han convertido en carnadas para robar y en carnadas para matar. Voy a examinar esto un poco más de cerca.

Uno puede ver, en esta época de debacle gubernamental y delincuencia generalizada, que numerosos grupitos de delincuentes callejeros están utilizando mujeres delincuentes y sexualmente apetecibles para –en tabernas, centros comerciales, playas, hoteles, restaurantes y actividades– identificar, conseguir, engañar y asaltar a hombres pendejos.

Es necesario saber que las mencionadas delincuentes, al realizar sus funciones de carnadas humanas: (1) utilizan la sensualidad para llamar la atención; (2) están conscientes sobre el poderoso apetito sexual que suelen tener los hombres; (3) saben identificar a los hombres que no tienen mucha malicia; y (4) tiene la tarea de llevar a las víctimas –bajo la creencia de que copularán largo y tendido– a lugares apartados con la finalidad de que sus compinches sorprendan y asalten a las engañadas víctimas.

Lo dicho me ha hecho recordar un caso que ocurrió en la violenta, sucia y contaminada zona metropolitana de Puerto Rico. Allí, allá por 2009, un hombre que tenía fuertes deseos de follar: (a) se personó a una taberna; y (b) conoció a dos mujeres tetonas, jóvenes, culonas y perfumadas. Luego de conversar un rato con las preciosas féminas, el engañado hombre llevó a las chicas a una habitación de un motel barato bajo la creencia de que copularía muchísimo.

Estando en la habitación, una de las delincuentes le dijo al engañado hombre que necesitaba bajar al vestíbulo. La mujer realizó lo dicho y cuando regresó a la habitación lo hizo con dos corpulentos varones que, además de rápidamente matarle el apetito sexual a la pendeja víctima, despojaron a la víctima de «una alta suma de dinero y lo agredieron hasta casi dejarlo muerto.»[cxlix]

Por último, no puedo cerrar esta sección del libro sin mencionar que Puerto Rico, desde hace ya algún tiempo, ha estado lidiando con una gran depresión económica. Como consecuencia de esa tragedia, como saben muchos de los compatriotas que han tenido que emigrar para poder trabajar y sobrevivir, las oportunidades para conseguir un empleo decente son escasas.

De hecho, el panorama laboral está –y seguirá estando– tan grave que, para preocupación de los titulados, Puerto Rico está entre las primeras cinco jurisdicciones estadounidenses en las que conseguir un empleo decente se ha convertido en un asunto «muy difícil.»[cl]

¿Y qué relación tiene lo arriba escrito con el asunto de la mujer delincuente? Que en estos difíciles tiempos en los que nos ha tocado vivir hay mujeres (y también hay hombres) que, sin ser usuarias de substancias controladas, están participando en robos a mano armada por razón de que: (a) necesitan dinero para pagar sus deudas y sus compromisos económicos; y (b) quieren dinero para satisfacer sus imbecilidades consumistas y materialistas.

B. Sección de ejemplos

Llegados a este punto, llegó el momento de plasmar ejemplos. El primer ejemplo que plasmaré fue un caso que ocurrió en San Lorenzo, Puerto Rico. Allí, en 2012, una armada –con «una pistola calibre .40 mm»– y despiadada mujer asaltó a un caballero.[cli] Luego de despojar a la víctima de los veinticinco dólares que tenía, la cabrona y enojada mujer le disparó al hombre en distintas partes del cuerpo.

Como consecuencia de eso, la víctima murió en el lugar de los hechos.

El segundo ejemplo fue un caso que ocurrió en Aguada, Puerto Rico. Allí, en 2006, tres mujeres – entre ellas una adolescente de quince años de edad– cometieron un robo. Cabe señalar que una de las mujeres asaltantes amenazó a la víctima, un asustado caballero que se ganaba la vida decentemente, con un «objeto filoso para abrir cartas y le obligó a entregarle el dinero en efectivo que tenía en su poder.»[clii]

El tercer ejemplo fue un caso que ocurrió en Manatí, Puerto Rico. Allí, en 2006, dos jovencitas –una tenía catorce años de edad y la otra dieciséis años de edad– «armadas y con máscaras en sus rostros» asaltaron a un caballero. Y como resultado de eso, las mujeres se llevaron doscientos dólares.[cliii]

II. Extorsionistas

A. Mujeres que extorsionan

En Puerto Rico, en donde hay más criminales que maestros y agentes del orden público, se cometen muchísimos delitos. Y uno de los actos delictivos que significativamente ha aumentado, ha sido el delito de extorción. De hecho, es preocupante tener que reconocer que el delito de extorción, que en Puerto Rico se suele ejecutar (en la mayoría de los casos) por vía telefónica, es un abominable acto criminal que es utilizado por hampones inescrupulosos con la finalidad de «obtener beneficios económicos mediante el señalamiento del supuesto secuestro o atentado contra la vida de algún miembro de la familia, fundando temor y alterando la paz y armonía social.»[cliv]

Es necesario mencionar que en los casos de extorción, que son actos criminales que no están relacionados con el delito de secuestro (bajo el secuestro, se puede pedir rescate), los delincuentes no han secuestrado a nadie. Lo que hacen los hampones, con la finalidad de obtener billetes, es infundir «miedo en la gente, causando que en el momento de recibir la llamada telefónica [o la comunicación extorsiva] no se esté en la posibilidad de reaccionar de forma que se pueda saber dónde se encuentra el familiar» mencionado en la extorción.[clv]

Explicado eso, ahora debe saber que ha aumentado la participación de la mujer en los casos de extorción. De hecho, en algunos casos de extorción que se están ejecutando en Puerto Rico –por medio de teléfonos–, se puede notar que las voces que manifiestan las extorciones son voces de mujeres.

Dicho eso, es necesario mencionar que uno de los asuntos más llamativos en los casos de extorción es que, para preocupación de los criminólogos, cada vez hay más mujeres planificando y ejecutando extorciones sin la intervención de varones. También ha habido un aumento significativo en los casos en los que féminas y varones, participan juntos en la planificación y en la ejecución de las extorciones.

Es indudable que lo mencionado son unos llamativos asuntos, especialmente para los estudiosos del asunto criminal. ¿Sabe por qué? Porque en el pasado uno podía ver que casi todas las mujeres que participaban en los casos de extorción –utilizando la voz para manifestar la extorción y/o recogiendo el dinero solicitado–, no eran más que unas simples cooperadoras de unos fríos y maliciosos hombres.

Por último, no está de más recordar que la gran mayoría de las mujeres que extorsionan está constituida por mujeres: (1) que tienen un largo historial criminal; y (2) que ejecutan los actos delictivos de manera voluntaria. Es importante saber eso ya que muchas personas, particularmente las que adoran los programas de televisión que están relacionados con policías y criminales de ficción, erróneamente dicen y creen que las mujeres que participan en esquemas de extorción lo hacen bajo la amenaza y el yugo de hombres inescrupulosos y peligrosos.

B. Sección de ejemplos

Llegó, gústele o no, el momento de plasmar ejemplos. El primer ejemplo que plasmaré fue un caso que ocurrió en San Juan, Puerto Rico. Allí, en 2011, una odiosa mujer llamó por teléfono a un caballero y, cruelmente, le informó: (1) que había secuestrado a su hijo; y (2) que si deseaba ver con vida a su hijo tenía que realizar un pago en efectivo. Cabe informar que la mujer, «sospechosa de otros casos de extorsión», fue arrestada por agentes del orden público cuando fue a «reclamar el dinero.»[clvi]

El segundo ejemplo, está relacionado con el Buró Federal de Investigación de los Estados Unidos de América (FBI, por sus siglas en inglés). Digo eso ya que agentes del FBI, en 2013, arrestaron a una mujer que «participó de un esquema mediante amenazas telefónicas en la que solicitaron a dos hombres depositar dinero a cambio de no disparar contra familiares.»[clvii]

Capítulo siete
Hurtadoras, falsificadoras y defraudadoras

I. Hurtadoras

A. Mujeres que hurtan

En Puerto Rico, en donde la gran mayoría de la población afirma que los inexistentes e inventados dioses escribieron reglas de conducta, se cometen muchísimos hurtos en los establecimientos comerciales. De hecho, la situación es tan mala que los rateros, todos los años, causan pérdidas económicas que sobrepasan los cien millones de dólares.[clviii]

Cabe mencionar que la ratería o hurto de mercancías en los establecimientos comerciales es, como saben los pequeños y medianos comerciantes, un delito que (al contar todos los casos que ocurren, y al contar las pérdidas económicas) termina siendo dañino para la economía. ¿Sabe por qué? Porque dicha actividad criminal, que afecta los bolsillos de los dueños de los comercios, cuando es numerosa se «traduce en recortes laborales y en productos más caros para los consumidores.»[clix]

En necesario tener presente que en Puerto Rico, al igual que en muchos otros países, se cometen tantos hurtos de mercancías en los establecimientos comerciales que, todos los años, aumentan los productos que se colocan bajo fuertes controles de seguridad.

Así, por ejemplo, en el caso de los supermercados ahora es normal que los cigarrillos, los empaques de café, los desodorantes, algunas botellas de licor, algunos alimentos para bebés y algunas medicinas estén dentro de unos gabinetes con cerraduras. También es normal, en esta época de ratería generalizada, que algunos productos relacionados con la limpieza bucal, al igual que algunas navajas para afeitar, estén bajo llave.[clx]

Y no podemos olvidar que en Puerto Rico, al igual que en muchos otros países capitalistas y consumistas, el hurto de mercancías ha causado que muchísimos comerciantes: (1) hayan instalado cámaras de seguridad, sensores electrónicos y alarmas; y (2) hayan contratado guardias de seguridad.

De hecho, lo antes escrito me ha hecho recordar que muchas tiendas por departamentos tienen, por culpa de los ladrones, fuertes medidas de seguridad. Y eso incluye, como hemos visto, guardias armados y guardias desarmados apostados en las puertas de entrada, en las puertas de salida, en los almacenes y en los estacionamientos.

Con eso en mente, y teniendo en cuenta que la gran mayoría de los seres humanos está compuesta por embusteros, cabe preguntar lo siguiente: ¿Los dueños de los comercios, pueden instalar sistemas electrónicos de seguridad para minimizar el hurto de bienes dentro de sus tiendas? La contestación es que sí. Digo eso ya que, jurídicamente hablando, se reconoce que todo dueño de un negocio dedicado a la venta de bienes muebles tiene, gracias a los ladrones, la facultad legal «de hacer uso de mecanismos, instrumentos o estructuras que no sean inherentemente peligrosas ni atenten contra la integridad personal (...) con el legítimo propósito de proteger su propiedad, y de ese modo evitar que personas inescrupulosas le hurten su mercancía.»[clxi]

B. Sección de ejemplos

Llegados a este punto, llegó el momento de escribir ejemplos. El primer ejemplo que plasmaré fue un caso que ocurrió en el municipio de Hatillo, Puerto Rico. Allí, en 2013, una mujer policía que estaba severamente embrutecida por el consumismo se apropió, ilegalmente, de varios «juegos de vídeo» que se vendían en una tienda llamada *Sears*.[clxii]

Otro ejemplo, fue un caso que ocurrió en San Juan, Puerto Rico. Allí, en 2016, dos maestras entraron a la tienda *JC Penney* –ubicada en Plaza Las Américas– y, de manera ilegal, se apropiaron de varias piezas de «ropa interior.» Cabe mencionar que la propiedad hurtada y posteriormente recuperada, «tenía un valor de $1,428.»[clxiii]

Otro caso que recuerdo, fue uno que tuvo lugar en Mayagüez, Puerto Rico. Allí, en 2012, una empleada del Gobierno de Puerto Rico entró a una tienda llamada *Sears* y, de manera ilegal, se apropió de un bien mueble.[clxiv]

II. Falsificaciones

A. Mujeres falsificadoras

Es de conocimiento general que «la mentira circula impunemente por todas partes...».[clxv] También es de conocimiento general el triste hecho de que, «vivimos una época en que los embaucadores nos rodean por todas partes y la inmensa mayoría de ellos —banqueros, autoridades, dirigentes políticos y sindicales, jueces, académicos— miente y delinque para enriquecerse...».[clxvi]

Dicho eso, ahora tengo que decir que Puerto Rico se ha convertido en un lugar en el que abundan los embusteros, los corruptos y los falsificadores. Sobre los corruptos, basta decir que son tantos los casos de corrupción que «cuatrienio tras cuatrienio (...) vemos a funcionarios gubernamentales, contribuyentes y recaudadores políticos del PPD o el PNP desfilar esposados y cabizbajos rumbo al tribunal. Solo cambian los personajes y los colores, pero los esquemas y los mecanismos de corrupción siguen siendo los mismos.»[clxvii]

Sobre el asunto de los falsificadores que habitan en Puerto Rico, debo señalar que muchísimos de ellos –la inmensa mayoría– son varones. Ahora bien, desde hace ya algún tiempo ha aumentado la cantidad de mujeres: (a) que ejecutan actos de falsificación; y (b) que cooperan con falsificadores del sexo masculino.

Con relación a esto último cabe señalar que, con la finalidad de ganar billetes, hay muchas mujeres que trabajan como vendedoras de bienes falsificados. Así, por ejemplo, hay muchísimas mujeres que son contratadas por los falsificadores para vender carteras, camisas, calzados y ropa interior falsificada.

¿Por qué muchos falsificadores utilizan mujeres para ilegalmente vender bienes pirateados? Porque los piratas (y las piratas) han descubierto que muchas personas, especialmente si las consideran físicamente atractivas, bajan sus defensas ante la presencia de mujeres vendedoras. De hecho, es mucho más fácil vender bienes pirateados por medio de mujeres físicamente atractivas que por medio de hombres feos, gordos, mellados y/o peludos, especialmente cuando se pretende engañar a un buen número de consumidores.

Ya que he mencionado el asunto de los bienes falsificados, creo que es necesario mencionar que la «industria de la falsificación alcanza a toda clase de bienes, desde piezas de motores de automóviles o aviones hasta alimentos para bebés y juguetes para niños.»[clxviii] También debo señalar que, en Puerto Rico, se venden muchísimos bienes pirateados.[clxix]

Dicho eso, ahora debo mencionar que en Puerto Rico hay muchísimas mujeres que, a sabiendas, auspician a los falsificadores y a las falsificadoras de bienes muebles. Por lo regular, esas mujeres han sido severamente embrutecidas por el consumismo y por el materialismo, y como consecuencia de ello siempre andan en busca de comprar bienes falsificados de calidad con la finalidad de engañar y de ostentar.

Cabe señalar que, hoy día, dichas mujeres tienen mucha suerte a la hora de conseguir bienes falsificados de calidad. Digo eso ya que, por ejemplo, en el caso de las carteras de mujer que han sido cuidadosamente falsificadas, las mujeres que a sabiendas compran tales bolsos terminan contentas y satisfechas por motivo de que dichas falsificaciones, para perjuicio de los dueños de las marcas originales, «están hechas con materiales de alta calidad, con cierres y arandelas con el nombre de la marca y tienen estampados los que parecen ser el lugar y la fecha de fabricación correctos.»[clxx]

Cabe señalar, por último, que en muchos países «la mujer se ha liberado (...) para acceder a la 'carrera de ratas' de la competencia moderna, en que todos buscan sobrevivir.»[clxxi] Y debido a eso, la mujer está ocupando puestos de trabajo que, en el pasado, eran tradicionalmente ocupados por hombres. Así, por ejemplo, en el primer mundo y en los países subdesarrollados –como Puerto Rico– cada vez hay más mujeres ocupando posiciones de contables, auditoras y administradoras de empresas.

Pues bien, eso está causando que significativamente estén aumentando los casos de mujeres que, utilizando sus posiciones laborales, ejecutan actos de falsificación de documentos y actos de fraude. De hecho, los indicados actos delictivos han aumentado tanto en algunos lugares que, como ocurre en Puerto Rico, constantemente vemos a los agentes del orden público arrestado a mujeres delincuentes.

B. Sección de ejemplos

Llegados a este punto, llegó el momento de ver ejemplos. El primer ejemplo que plasmaré, está relacionado con la Policía de Puerto Rico. Digo eso ya que una mujer policía, en 2014, fue criminalmente procesada por motivo de que, intencionalmente, falsificó un certificado médico. La mujer hizo eso ya que quería ausentarse y, fraudulentamente, «cobrar los días que se ausentó con cargo a la licencia de enfermedad.»[clxxii]

El segundo ejemplo, que demuestra que hay mujeres con conocimientos tecnológicos aplicando tales conocimientos en actividades criminales, fue un caso que ocurrió en la zona norte de Puerto Rico. Allí, una intrépida y solitaria mujer utilizaba instrumentos tecnológicos para ilegalmente alterar nombres y cifras en cheques «emitidos por el gobierno de Puerto Rico. [...] también, electrónicamente, falsificaba las licencias de conducir y colocaba su foto en ellas, para facilitar el cambio de los cheques.»[clxxiii]

El tercer y último ejemplo, está relacionado con una mujer que vivía en Caguas, Puerto Rico. Sobre los hechos del caso, que ocurrieron durante el año 2010, debe saber que la dama, ilegalmente, depositó varios cheques falsificados de la empresa para la cual trabajaba. Eso lo realizó para «apropiarse posteriormente del dinero depositado.»[clxxiv]

III. Fraudes

A. Mujeres defraudadoras

Todo el mundo sabe que el fraude es, en apretada síntesis, «una manera muy antigua de conseguir beneficios mediante la utilización de la inteligencia y creatividad del ser humano.»[clxxv] Sabido es también que el «fraude es un tipo de delincuencia [...] con un enorme poder desestabilizador en las empresas gubernamentales o privadas, así como en la sociedad en general.»[clxxvi]

También es de conocimiento general, que algunos casos de fraude «comprenden unas sumas de dinero exorbitantes.»[clxxvii] De hecho, lo escrito me ha hecho recordar a un criminal de cuello blanco que vivió en Puerto Rico. Recuerdo a dicho perfumado delincuente ya que, mientras él trabajaba como «principal ejecutivo de *Euro International Group, Inc.*», estafó a varias personas. A extremo de que logró embolsicarse, por medio de sus fraudes, poco más de tres millones de dólares.[clxxviii]

Dicho eso, debe saber que en Puerto Rico se cometen muchísimos actos fraudulentos todos los años. De hecho, la actividad fraudulenta es tan cotidiana y numerosa que, dentro de los Estados Unidos de América, Puerto Rico ocupa una de las primeras cinco posiciones en actividad fraudulenta.

Es significativo mencionar que en Puerto Rico, en donde los marrulleros son el nuevo modelo social, sesenta de cada cien casos de fraude que son reportados «están relacionados al robo de identidad.»[clxxix]También es significativo mencionar que en Puerto Rico,[clxxx] en donde la «avaricia, la falta de principios y la deshonestidad predominan en los que deben dar el ejemplo», veinte de cada cien defraudadores terminan siendo castigados por el ineficiente y corrupto sistema estatal de justicia criminal.[clxxxi]

Ya que he mencionado al politizado, corrupto y estatal (en Puerto Rico, también hay un sistema federal de justicia criminal) sistema de justicia criminal, debo mencionar que los investigadores estatales siempre están en desventaja a la hora de investigar casos de fraude de alto nivel o de cuello blanco.

Digo eso ya que, en primer lugar, muchos casos relacionados con actividades fraudulentas de alto nivel están cubiertos por unas densas y especializadas papelerías que requieren un buen nivel de conocimientos financieros y legales. Y la gran mayoría de los agentes estatales del orden público están constituidos de tal modo que, para beneficio de los criminales de cuello blanco, no tienen los indicados conocimientos.

También está el hecho de que, debido a que muchas investigaciones de fraude requieren la utilización de investigadores especializados, «detectar el fraude» –especialmente actos fraudulentos cometidos por personas experimentadas que tienen un alto coeficiente intelectual– se ha convertido, para el deficiente y pobre sistema estatal de justicia criminal, en un asunto costoso, difícil y lento.[clxxxii]

Otro asunto que dificulta la investigación criminal de los casos de fraude es que, constantemente, los buenos defraudadores se pasan renovando y mejorando los métodos que utilizan para defraudar a «la gente.»[clxxxiii] Por eso es que, en muchas ocasiones, cuando los agentes del orden público tienen conocimiento sobre un nuevo tipo de fraude, eso significa que muchas personas han caído en las garras de los defraudadores y, sobre todo, que los perpetradores han cambiado sus metodologías.

Dicho eso, es hora de contestar la siguiente pregunta: ¿Las mujeres cometen más actos fraudulentos que los hombres? No, las mujeres no cometen más actos fraudulentos que los hombres. De hecho, aquí en Puerto Rico se sabe: (1) que sesenta de cada cien actos fraudulentos son cometidos por varones; y (2) que cuarenta de cada cien casos de fraude son cometidos por mujeres.[clxxxiv]

Por otro lado, debo señalar que en Puerto Rico se cometen muchos actos indebidos relacionados con la entrega intencional de cheques sin fondos. De hecho, se estima que miles de cheques sin fondos, todos los años, «'rebotan' en las transacciones bancarias debido a […] cheques que son devueltos porque no tienen los fondos disponibles para cubrir los pagos de los mismos.»[clxxxv]

Es necesario recordar que entregar, con la intención de defraudar, un cheque sin fondos es un acto fraudulento que demuestra un gran nivel de deshonestidad en una persona. ¿Y qué es eso de entregar, con intención de defraudar, un cheque sin fondos?

Entregar un cheque sin fondos, cuando se hace de manera intencional con el propósito de defraudar, es una acción ilegal y deshonesta en la que el criminal hace, extiende, endosa o entrega un cheque, «a cargo de cualquier banco u otro depositario», a sabiendas de que no existen los fondos suficientes para el pago o a sabiendas de que no «disfruta de autorización expresa para girar en descubierto.»[clxxxvi]

Explicado eso, y recordando que este libro está relacionado con la mujer delincuente, tengo que mencionar que en Puerto Rico son abundantes los casos en los que, por distintas razones, mujeres adultas cometen la irresponsabilidad de entregar –con la intención de defraudar– cheques sin fondos.[clxxxvii] Cabe señalar, además, que, regularmente, las mujeres que se pasan entregando cheques sin fondos con la intención de defraudar: (1) son consumistas y materialistas; y (2) ejecutan tales acciones contra pequeños comerciantes y, sobre todo, contra arrendadores.

Por último, no puedo cerrar esta sección del libro sin realizar la siguiente advertencia. Usted, debido a que vivimos en un mundo que está lleno de tramposos y de psicópatas, debe tener mucho cuidado, puesto que los defraudadores están por todas partes y no parecen criminales callejeros.

Recuerde que el defraudador promedio, especialmente la mujer defraudadora: (1) suele hablar muy bien; (2) suele aparentar que es un ser humano pacífico y «educado»; y (3) suele tener buenos conocimientos sobre las obligaciones y los contratos.[clxxxviii] También recuerde que los defraudadores más talentosos, que suelen vestir impecablemente, son habilidosos y tienen una gran inteligencia interpersonal. Y debido a eso, esos engañosos pueden «estafarte con facilidad.»[clxxxix]

B. Sección de ejemplos

Llegó, para alivio de unos y desesperación de los otros, el momento de ver y analizar varios ejemplos. El primer ejemplo que plasmaré, está relacionado con el Departamento de Transportación y Obras Públicas de Puerto Rico. Digo ya que una empleada de dicho departamento, que tenía un salario de hambre y que había sido severamente embrutecida por medio de las estupideces consumistas, fue arrestada por agentes del Buró Federal de Investigación de los Estados Unidos de América (FBI, por sus siglas en inglés).

¿Se imagina por qué arrestaron a la dama? La dama fue arrestada porque, sin mostrar sentimientos de culpa, se apropió ilegalmente de unos trecientos mil dólares del quebrado y endeudado gobierno de Puerto Rico. Sobre el esquema utilizado para apropiarse del dinero, tengo que mencionar que fue muy sencillo. La dama les entregaba a los dueños de las estaciones de gasolina que estaban autorizadas y equipadas para realizar inspecciones de vehículos de motor, los certificados oficiales que se expiden cuando los carros aprueban las indicadas inspecciones. Luego de eso, la dama les facturaba a los dueños de las mencionadas estaciones, agarraba el dinero y, para poder comprar sus fruslerías favoritas, se quedaba con el dinero entregado de buena fe por los comerciantes.[cxc]

El segundo ejemplo que plasmaré está relacionado con dos adineradas y materialistas mujeres que, además de dirigir un banco hipotecario llamado *New York Mortgage,* utilizaban bragas costosas y corpiños costosos. Nancy Hernández y Noemí Pérez Hernández, que adoraban comprar bienes fachendosos y comer en restaurantes lujosos, fueron criminalmente procesadas ya que, intencionalmente, cometieron un sinnúmero de delitos relacionados con la banca hipotecaria.

Sobre los actos ilegales debe saber que, premeditada y engañosamente, las indicadas delincuentes de cuello blanco vendieron veintinueve «préstamos de hipotecas residenciales a inversionistas banqueros sin cancelar las hipotecas de esas propiedades.»

Cabe señalar que la acción de no haber cancelado las hipotecas, que fue una acción intencionalmente falsificada e intencionalmente escondida en los múltiples documentos oficiales (en los documentos se dijo que fueron canceladas) que les fueron entregados a los inversionistas, provocó que «los clientes del banco que refinanciaron sus hipotecas terminaran con dos hipotecas de su propiedad.»[cxci]

Capítulo ocho
Mujeres y el narcotráfico

I. Distribución de drogas

A. Venta y distribución de drogas

En Puerto Rico, al igual que en otras partes del mundo, las mujeres no quieren ser amas de casa. Las mujeres desean trabajar y, sobre todo, superarse en los distintos escenarios laborales. Además, las mujeres desean ganar buenos billetes por medio de sus trabajos para poder comprar muchas fruslerías y, sobre todo, para ayudar a sus seres queridos.

Pues bien, debe tener en cuenta que en Puerto Rico, en donde muchos aburridos van a los centros comerciales con la finalidad de desperdiciar muchas horas de vida, muchas mujeres han tomado la decisión –la inmensa mayoría, por necesidad económica– de cometer actos delictivos para poder ganar billetes. Ahora bien, siempre debe quedar claro que la delincuencia femenina, tanto en Puerto Rico como en otras partes del mundo, siempre ha sido «mucho menor que la masculina».[cxcii]

Dicho eso, es necesario mencionar que hoy día (y serán más en el futuro) hay damas que, para ganar buenos billetes y para poder comprar sus fruslerías favoritas, están trabajando como sicarias, como vendedoras de drogas al detal, como *"mulas"* y como guardaespaldas de narcotraficantes.

También hay unas pocas mujeres que, valientemente, tienen sus propios puntos de drogas. Cabe mencionar que dichas mujeres, además de ser astutas, son tan bravas como los narcotraficantes del sexo masculino. Digo eso ya que las mujeres que tienen puntos de drogas «se hacen escuchar, se hacen obedecer y juegan un papel activo en la guerra de los puntos de drogas.»cxciii

Sobre las mujeres que trabajan como sicarias, matando y baleando según las órdenes impartidas por sus *narcojefes*, recuerdo a una joven mujer llamada Griselle Lacosta Franco. Dicha mujer, que era audaz y animosa, se ganaba sus billetes trabajando dentro de la organización criminal de José Colón de Jesús, un narcotraficante de la zona norte de Puerto Rico.

Cabe mencionar que doña Lacosta, utilizaba «armas de fuego para proteger a su líder, a los miembros de su organización criminal y las ganancias generadas por la venta de drogas en varios complejos públicos de Bayamón.»cxciv

Por último, antes de cerrar esta sección tengo que realizar varios señalamientos. Lo primero que tengo que mencionar, es que cada lustro aumenta la cantidad de mujeres que consiguen puestos de trabajo dentro de grupos criminales que bregan con armas de fuego y substancias controladas. De hecho, hoy día muchas mujeres están: (1) empacando drogas ilegales; (2) vigilando puntos de drogas; (3) realizando tareas de contabilidad para los narcotraficantes; (4) trabajando como compañeras sexuales de narcotraficantes; y (5) vendiendo ilegalmente armas de fuego.cxcv

Lo segundo que tengo que indicar, quizá para sorpresa de muchos agentes del orden público, es que cada vez hay más mujeres (aunque siguen siendo pocas) que están ilegalmente distribuyendo grandes cantidades de drogas. Es decir, hay mujeres: (1) que venden kilos de drogas; y (2) que mueven kilos de drogas de un lugar a otro. También hay mujeres que, ilegalmente, venden grandes cantidades de medicamentos controlados.cxcvi

Lo antes explicado me ha hecho recordar a una joven y astuta mujer:(1) que tenía estudios universitarios; y (2) que trabajaba como supervisora de rampa en el aeropuerto de Carolina, Puerto Rico. Digo eso ya que esa mujer, por varios años, lideró un grupito criminal que tenía la tarea de meter maletas con drogas ilegales en los aviones comerciales.[cxcvii]

B. Sección de ejemplos

Llegó, para alivio de unos y desesperación de los otros, el momento de ver y analizar varios ejemplos. El primer ejemplo que voy a plasmar proviene desde el municipio de Caguas, Puerto Rico. Allí, había una joven mujer que ilegalmente vendía drogas. Luego de un tiempo, la mujer logró posicionarse como «dueña del punto de drogas de la barriada Morales.»[cxcviii] Sin embargo, la mujer fue arrestada (en 2013) por agentes de la Policía de Puerto Rico.

El segundo ejemplo proviene desde San Juan, Puerto Rico. Allí, en 2011, vivió una mujer que había logrado convertirse en dueña de un punto de drogas, ubicado en un sector llamado Cantera. Sin embargo, la indicada mujer –como ocurre con los narcotraficantes del sexo masculino que tienen puntos de drogas– fue asesinada por un sicario.[cxcix]

El tercer ejemplo proviene desde Canóvanas, Puerto Rico. Allí, había una perspicaz mujer que era dueña de un punto de drogas. Por medio de ese punto de drogas, la mujer y sus socios generaban cerca de un millón de dólares anuales. Sin embargo, el éxito no le duró mucho tiempo a la mujer narcotraficante, ya que ella y sus socios fueron arrestados en 2010.[cc]

II. Venta y transportación de drogas

A. Vendedoras de drogas al detal

Todo el mundo sabe que las preocupaciones financieras, especialmente en los países capitalistas y consumistas, llevan a muchas personas a ejecutar actos ilegales, y en el caso de los profesionales, actos antiéticos.

Así, por ejemplo, se sabe que los casos de maltrato contra menores de edad –que son actos ilegales– se exacerban cuando las madres pasan por crisis económicas o de incertidumbre.[cci] También se sabe «la violencia de género hacia las mujeres se exacerba cuando los hombres pasan por crisis económicas o de incertidumbre.»[ccii]

Y no se puede olvidar que «la falta de comida o de dinero para pagarla» puede provocar que las personas, tanto los hombres como las mujeres, se lancen a las calles y tengan enfrentamientos violentos con los agentes del orden público.[cciii]

Pues bien, es lamentable tener que reconocer que las presiones económicas, unidas al hecho de que en Puerto Rico es sumamente difícil conseguir un buen empleo, han causado que muchas mujeres pobres y desesperadas hayan tomado la arriesgada decisión de ilegalmente vender drogas.

B. Transportadoras de drogas

A lo dicho se le añade que en Puerto Rico, en donde muchas madres solteras y pobres tienen que comprar y comer comida chatarra y barata, ha aumentado –y seguirá aumentando– la cantidad de mujeres que se dedican a transportar drogas ilegales de un lugar a otro. Eso incluye a las mujeres que, ilegalmente, introducen drogas en las cárceles de Puerto Rico.

Sobre esto último, es oportuno mencionar que las mujeres se han convertido en un componente esencial para los grupos criminales que operan dentro de las cárceles de Puerto Rico. Digo eso ya que los mencionados grupos criminales utilizan féminas, algunas de ellas familiares de confinados, para introducir contrabando en las cárceles.

Debo mencionar que lo dicho ha sido confirmado por la Administración de Corrección y Rehabilitación de Puerto Rico. Digo eso ya que un estudio realizado por investigadores de dicha agencia gubernamental demostró, en lo pertinente, que ochenta de cada cien personas (en este caso, visitantes) que son arrestadas por tratar de introducir contrabando en las cárceles pertenecen al sexo femenino. Es por eso que, para los mal tratados y mal pagados oficiales de custodia, el «escenario en el que mujeres que van a visitar a confinados a las cárceles son arrestadas por tratar de introducir contrabando a las instituciones se ha convertido en un dolor de cabeza...».civ

Por otro lado, es necesario mencionar que en Puerto Rico también son muchas las mujeres las que, arriesgadamente, llevan drogas ilegales a países extranjeros y, sobre todo, a los Estados Unidos continentales.

Cabe señalar que casi todas las mencionadas mujeres, que popularmente son llamadas *mulas* o *narcomulas*, hacen lo anterior ya que pueden ganar muchísimo dinero. De hecho, se sabe que las mujeres que trabajan como *mulas* pueden ganar entre cien a doscientos dólares «por cada 10 gramos» de drogas que transporten.[ccv] Y para muchas mujeres pobres, eso es buen dinero. Especialmente cuando saben que por medio de la ingesta (llevar drogas en el estómago) y el transporte de drogas, que es un método significativamente «peligroso a la salud», una *mula* puede transportar «hasta un kilogramo de drogas.»[ccvi]

También suelen ganar billetes las mujeres que, arriesgada e ilegalmente, transportan drogas al extranjero y a los Estados Unidos continentales por medio del método de pegar –con cinta adhesiva– paquetes de drogas en distintas partes de sus cuerpos femeninos. Digo eso ya que esas *mulas*, que pegan los paquetes con drogas en sus tetas, en sus muslos, en sus genitales, en sus nalgas o en la barriga, pueden ilegalmente transportar «hasta 5 kilogramos de sustancias controladas.»[ccvii]

Dicho eso, es necesario aclarar que en Puerto Rico también hay hombres que son utilizados como *mulas* por los narcotraficantes. Sin embargo la experiencia enseña que muchos narcotraficantes prefieren utilizar mujeres (*mulas*), especialmente si presentan rasgos psicopáticos, para la arriesgada tarea de transportar drogas fuera de Puerto Rico.

La razón por la que los mencionados narcos prefieren utilizar mujeres para transportar drogas ilegales fuera de Puerto Rico, es que las vaginas de las mujeres sexualmente activas son lugares adecuados para guardar y transportar drogas. Y sobre el asunto de las mujeres con rasgos psicopáticos, cabe señalar que son las preferidas ya que no suelen ponerse muy nerviosas durante la misión de transportar drogas fuera de Puerto Rico.

Volviendo al asunto de la vagina, que se ha convertido en una herramienta para el crimen, es necesario mencionar que han sido muchas las mujeres las que han sido arrestadas por esconder dentro de la vagina: (1) paquetitos con cocaína; (2) teléfonos celulares; y (3) paquetitos con otras drogas.[ccviii]

Ahora tengo que mencionar, sin perder de perspectiva lo antes discutido, que Puerto Rico se ha convertido en un formidable lugar para todas aquellas mujeres –y hombres también– que deseen ganar dinero por medio de la transportación ilegal de substancias controladas. Digo eso, en primer lugar, por razón de que Puerto Rico se ha convertido en un centro de almacenaje y trasbordo de drogas ilegales.

De hecho, a Puerto Rico entran tantos cargamentos de substancias controladas que, para bochorno de los agentes del orden público, no hay suficientes *mulas* (también llamadas *narcomulas*) para satisfacer los deseos de los consumidores de Europa y de los Estados Unidos continentales. Es por eso que, como saben los profesores de justicia criminal, los narcotraficantes siempre están reclutando personas, preferiblemente mujeres, para que laboren como *mulas*.

Dicho eso, es necesario plasmar y contestar la siguiente pregunta: ¿Por qué algunos narcotraficantes siempre están reclutando personas para que trabajen como mulas? Algunos narcotraficantes siempre están buscando personas –preferiblemente mujeres– para que trabajen como mulas por motivo de que, poco más del ochenta por ciento de toda la droga ilegal que entra a Puerto Rico es enviada: (1) a Europa; y (2) a los Estados Unidos continentales. Por eso es que, únicamente el veinte por ciento de toda la droga ilegal que entra a Puerto Rico «se queda para consumo local.»[ccix]

Por último, no puedo cerrar esta sección sin realizar tres observaciones. Lo primero que tengo que decir es que, en Puerto Rico, las *narcomulas* o *mulas* se han convertido en «herramientas principales del millonario negocio del narcotráfico...».[ccx]

Lo segundo que tengo que decir es que la *mula*, según un análisis de la Agencia de Control de Drogas de los Estados Unidos de América (DEA, según sus siglas en inglés), no sólo transporta substancias controladas, también suele ser utilizada para transportar «diamantes, dinero y armas.»[ccxi]

Y lo tercero que tengo que decir es que, «el tráfico de drogas y otras mercancías a través de humanos u otros métodos es pan nuestro de todos los días en Puerto Rico, donde hay 11 aeropuertos y 32 muelles, puertos y capitanías.»[ccxii]

C. Sección de ejemplos

Llegó, para alivio de unos y desesperación de los otros, el momento de ver y analizar varios ejemplos. El primer ejemplo que voy a plasmar proviene desde Aguadilla, Puerto Rico. Allí, en 2014, agentes de la Policía de Puerto Rico arrestaron a dos mujeres que vendían drogas ilegales en un conocido punto de drogas. Cabe señalar que, durante los arrestos, «a una de las féminas le ocuparon 60 *decks* de heroína y 281 dólares en efectivo. A la otra fémina le ocuparon 33 *decks* de heroína, 64 bolsitas de cocaína, 26 cápsulas de *crack* y 34 bolsitas de marihuana.»[ccxiii]

El segundo ejemplo que voy a plasmar, que demuestra la gran capacidad que tiene la vagina para guardar bienes ilegales, proviene desde Vega Alta, Puerto Rico. Allí, en una cárcel para mujeres, una confinada se metió dos teléfonos celulares, «una batería», «un cargador y un teclado de celular» dentro de su enorme vagina.[ccxiv] Cabe mencionar que todo ese contrabando fue detectado cuando una guardia penal, que terminó boquiabierta cuando observó todos los objetos que estaban en la vagina de la confinada, le pasó «un detector de metales» a la indicada confinada.

El tercer ejemplo que plasmaré proviene desde Guayama, Puerto Rico. Allí, dentro de las instalaciones de una cárcel, una astuta mujer fue arrestada por motivo de que, durante un día de visitas, intentó introducir drogas ilegales dentro de la mencionada cárcel. Lo más asombroso de ese caso fue que la hembra: (1) «llevaba en su vagina 51 *decks* de heroína y 14 bolsitas con cocaína»; y (2) llevaba «un sobre con pastillas *Xanax*» en su sostén.[ccxv]

III. Amantes de narcotraficantes

En Puerto Rico, al igual que en muchos otros países en los que la gente ha sido severamente embrutecida por medio de asuntos relacionados con consumismo, materialismo y espectáculos, la gran mayoría de la gente «se aferra tanto a lo cotidiano que el propio asombro por la vida queda relegado a un segundo plano.»[ccxvi] Es por eso que la gran mayoría de la gente que vive en Puerto Rico, aferrada a lo cotidiano y a lo absurdo, está compuesta por consumistas, materialistas y fanáticos de espectáculos de índole chatarra.

A lo dicho se le añade que la mayoría de la gente que vive en Puerto Rico, por estar tan aferrada a la absurda cotidianidad y a las ideas que estén de moda, piensa que para tener una vida dizque feliz es necesario: (1) tener muchos amigos; (2) participar continuamente en actividades superfluas; y (3) estar rodeado de lujos y de fruslerías que estén de moda.

Es innegable que ese tipo de pensamiento colectivo, además de demostrar la enorme imbecilidad que existe dentro del pueblo de Puerto Rico, demuestra que los habitantes de Puerto Rico, salvo algunos estudiantes universitarios y salvo algunos trabajadores, no están interesados en educarse por medio de lecturas valiosas y educativas, mucho menos por medio de lecturas relacionadas con el pesimismo filosófico.

Digo eso ya que los habitantes de Puerto Rico, que adoran escuchar a los *«pseudo-expertos»* que se pasan hablando de amor y de felicidad en la prensa del corazón y del espectáculo, no pueden comprender que la filosofía, particularmente el pesimismo filosófico, ha demostrado que la idea de la felicidad «está destinada a desvanecerse o a ser reconocida como una ilusión.»[ccxvii]

A eso se añade que la gran mayoría de los habitantes de Puerto Rico está compuesta por personas que, además de que adoran contaminar, dilapidar y entretenerse por medio del entretenimiento chatarra, han olvidado que los filósofos más respetables y profundos –a diferencia de las estupideces que recomiendan los mojigatos que tienen exposición en los medios de comunicación– han demostrado que un ser humano inteligente, contrario a la bestia social que desperdicia su vida en puerilidades sociales, «busca una vida tranquila, modesta, defendida de infortunios; y si es un espíritu muy superior, escogerá la soledad.»[ccxviii]

Dicho eso, es necesario reconocer que los habitantes de Puerto Rico tienen libertad: (1) para creer en imbecilidades; y (2) para actuar de conformidad con las imbecilidades. Ahora bien, los habitantes de Puerto Rico tienen que entender que la libertad para tomar ciertas decisiones «nos confronta con nosotros mismos y, cuando elegimos, debemos aceptar al mismo tiempo la responsabilidad.»[ccxix] Es decir, si tomamos decisiones imbéciles tenemos que afrontar las consecuencias –aunque sean duras– de tales decisiones.

Pues bien, todo lo antes dicho me lleva a decir que en Puerto Rico –y en otras partes del mundo– hay muchísimas mujeres que, por adorar lo cotidiano y por ser unas hembras astutas y marrulleras, piensan que pueden conseguir su propia felicidad por medio de hombres adinerados (o por medio de mujeres adineradas) que puedan comprarles muchos bienes lujosos y muchas fruslerías.

Y eso, estimado lector, no es un asunto extraño ni en Puerto Rico ni en otras partes del mundo. Digo eso ya que en este mundo, en donde los medios de comunicación han contaminado la mente de billones de habitantes, millones de seres humanos creen y dicen que «mientras más objetos materiales» tengan «más glamour y más prestigio» tendrán.[ccxx]

Ahora bien, lo peligroso de lo anterior es que en Puerto Rico, donde abundan las mujeres consumistas, «los lujos y los riesgos que rodean a los líderes del bajo mundo» son unos asuntos que les resultan atractivos a muchísimas mujeres necias, materialistas y consumistas.[ccxxi]

Es por eso que muchas de esas interesadas mujeres, obviando los consejos de los sabios, están dispuestas a unirse –sentimental y sexualmente– a unos dudosos individuos que, por estar involucrados en el lucrativo y peligroso negocio del narcotráfico, tienen enormes posibilidades de terminar muertos o encarcelados. De hecho, es triste tener que reconocer que en Puerto Rico (al igual que en otros países prohibicionistas) son muchísimas las mujeres las que, a sabiendas, son novias, amantes o esposas de narcotraficantes.

Es incuestionable que esas mujeres –la mayoría de ellas son mujeres jóvenes– están interesadas en los billetes y, sobre todo, en los bienes costosos que pueden conseguir por medio del narcodinero. Además, a esas mujeres no les interesa instruirse ni, mucho menos, realizar acciones en beneficio del conocimiento humano. Por eso se puede decir que todas las mujeres que, a sabiendas, comparten sexualmente con narcotraficantes, no son más que unas lujosas prostitutas que, en aras de conseguir billetes y bienes costosos, están dispuestas a poner en peligro sus propias y banales vidas.

Dicho eso ahora es necesario mencionar que en Puerto Rico, en donde muchísimos asuntos que están relacionados con la subcultura del narcotráfico callejero son auspiciados por una enorme porción de la juventud, muchas de las mencionadas mujeres se metamorfosean. Es decir, de ser putas domésticas o cazafortunas se vuelven «cómplices de sus parejas y promueven sus conductas delictivas...».[ccxxii]

Es por eso que, por ejemplo, muchas de esas mujeres: (1) terminan intencionalmente guardando drogas ilegales (o armas de fuego) dentro de sus hogares; o (2) permiten –sin decir nada– que sus *«narcoparejas»* guarden drogas y armas de fuego en los hogares en los que ambos viven. Y no se puede olvidar que muchas de las indicadas mujeres, terminan ayudando a sus *«narcoparejas»* en las mesas en las que se preparan y se empacan las drogas que ilegalmente venden sus *«narcoparejas»*.

    Lo discutido me ha hecho recordar, para enojo de los que odian los ejemplos, un caso que ocurrió en Naguabo, Puerto Rico. Allí, en 2016, agentes de la Policía de Puerto Rico entraron a una residencia y «encontraron a una pareja colocando cocaína en el interior de bolsitas para ventas al detal.»

    Cabe mencionar que la mujer, al momento de la intervención policial, «tenía un bebé de dos meses en los brazos mientras trabajaba con la droga.» Y no puedo dejar pasar el hecho de que en la cuna del bebé, en lugar de pañales y biberones, los agentes del orden público ocuparon «una pistola marca *Glock* de calibre .40.»[ccxxiii]

Capítulo nueve
Mujeres dentro del sistema de justicia

I. La mujer policía

En Puerto Rico, en donde la gran mayoría de los varones está compuesta por hombres que creen que los machos deben ser agresivos, pedantes, machistas y consumistas, el trabajo policial ha sido dominado por hombres. Ahora bien, la buena noticia es que cada vez hay más mujeres trabajando como agentes del orden público.

Dicho eso, entiendo que debo profundizar dentro del asunto de la mujer en los cuerpos policiales. Comienzo diciendo que las mujeres (la mayoría) que laboran en los cuerpos policiales –en los municipales y en el estatal–, en su inmensa mayoría, lo hacen por el simple hecho de que no pudieron conseguir mejores empleos. Por eso es correcto decir que en Puerto Rico, donde muchos agentes del orden público adoran dar macanazos y puñetazos, pocas mujeres ingresan a los cuerpos policiales por razón de que, desde que eran niñas, fervientemente deseaban ser policías.

Otro asunto que debo mencionar es que en Puerto Rico, al igual que en otras partes del mundo, han sido poquísimas las mujeres las que han ocupado posiciones de alto mando dentro de los cuerpos policiales. Lo mencionado, que es lamentable, se debe a varios factores. En primer lugar, los cuerpos policiales: (a) han sido tradicionalmente controlados por machos machistas; (b) fueron creados teniendo en mente la necesidad de utilizar la fuerza bruta; y (c) fueron creados teniendo en mente que los hombres son agresivos, embusteros y marrulleros.

En segundo lugar, sabemos que la gran mayoría de las mujeres policías está constituida por mujeres: (a) que pertenecen a la clase social fastidiada y pobre; (b) que fortalecen sus cuerpos; (c) que son rudas; y (d) que están algo alejadas de la absurda idea que tiene la sociedad –especialmente la alta sociedad– sobre cómo se debe comportar una mujer.

Es decir, una mujer policía –salvo casos excepcionales, que siempre los hay– no se parece en nada a las superficiales, frágiles y plásticas muñequitas que participan en los afamados certámenes de belleza exterior. Además, una mujer policía –salvo casos excepcionales, que siempre los hay– no se parece en nada a las superficiales y plásticas mujeres de alta sociedad que adoran sus costosos perros, sus joyas y sus exclusivas tiendas de bienes selectos y costosos.

A lo dicho se le suma el hecho de que la mujer policía –salvo casos excepcionales, que siempre los hay–, no suele tener contacto con hombres y mujeres que están en altos niveles del Gobierno. Eso causa que la mujer policía, a diferencia de –por ejemplo– las asesoras que están en los altos niveles del Gobierno, no pueda fácilmente utilizar su belleza y/o su astucia para tratar de conseguir puestos de mando (ascensos por mérito) dentro del cuerpo policial.

Tengo que hacer un paréntesis, para abundar sobre el asunto de que la mujer policía pertenece a la clase social fastidiada y pobre. Como la mujer policía suele ser pobre, ejemplar y trabajadora, no suele tener los contactos ni los recursos económicos para marrulleramente comprar puestos (rangos por mérito) por medio del contacto indebido con la alta administración gubernamental.

Es por eso que, por ejemplo, mientras una mujer policía común y trabajadora tiene que fastidiarse arrestando criminales y patrullando las calles, una abogada de una familia rica y políticamente conectada puede comprar un buen puesto gubernamental (puede conseguir un puesto en el ministerio público, puede conseguir un puesto en la judicatura o puede conseguir un buen puesto dentro de una oficina gubernamental) por medio de una constante participación en actividades políticas en las que las entradas valen quinientos, mil o mil quinientos dólares.

Cerrado el paréntesis, ahora escribo que los puestos de más alto poder dentro de la administración gubernamental han estado ocupados por hombres. Y esos costosos e ineficientes funcionarios gubernamentales, que casi siempre tienen guardaespaldas, ayudantes y choferes, suelen utilizar (mayoritariamente) policías varones para que sean sus guardaespaldas, choferes y jefes del equipo de seguridad.

Es por eso que, por ejemplo, casi todos los jefes y subjefes de los equipos de seguridad de los gobernadores y de los jefes legislativos han sido varones. A eso se añade que los alcaldes, que en su inmensa mayoría son varones, también suelen llenar – la mayoría son varones– sus equipos de seguridad personal con policías municipales del sexo masculino.

Explicado lo anterior, creo que es posible que algunas personas tengan la siguiente duda: ¿Qué relación existe entre el hecho de que los choferes, guardaespaldas y jefes de seguridad de los políticos de alto mando gubernamental suelan ser (la mayoría) varones, con el hecho de que los puestos de alto mando gubernamental suelan estar (la mayoría) ocupados por varones?

La contestación es la siguiente: que los políticos de alto mando, como agradecimiento, suelen recompensar a sus jefes y subjefes de seguridad con ascensos por mérito y, sobre todo, con jugosos aumentos de salario. También es común que algunos choferes y guardaespaldas, sean ascendidos por medio de esa marrullería llamada ascensos por mérito.

Por último, aprovecho la oportunidad para brindar varias recomendaciones, especialmente recomendaciones para las mujeres que desean trabajar como agentes del orden público. La primera recomendación es la siguiente: las mujeres que anhelen ser agentes del orden público, no deben tener hijos.

Brindo esa recomendación ya que los fastidiosos hijos, contrario a lo que se escribe en las embrutecedoras revistas del corazón, no son más que fuentes de estrés, trabajo y preocupación. De hecho, «ser madre puede ser el trabajo más duro del mundo: con largas jornadas, con constantes demandas y sin tiempo libre. Pero dependiendo en qué país vive la mujer, esta tarea puede ser todavía más ardua...».ccxxiv

En otras palabras, para la trabajadora común y corriente, contrario a los embustes que aparecen en las revistas del corazón y contrario a las vidas de fantasía de los millonarios del cine y de la televisión, la imbecilidad y la bestialidad de tener hijos suele venir acompañada con: (a) enormes gastos económicos; (b) derroche de horas libres; (c) dificultad para descansar; (d) muchos episodios de estrés innecesario; (e) preocupaciones innecesarias; (f) discusiones con el otro progenitor; y (g) pleitos judiciales relacionados con pensiones de alimentos para menores de edad.

A eso se suma que el salario de una agente estatal o municipal del orden público, aquí en Puerto Rico, no es adecuado para adecuadamente suplir todas las necesidades –entre ellas la de pagar un colegio privado, ya que las escuelas públicas son puras porquerías– que requiere un hijo durante su vida.

En fin, las mujeres que desean trabajar como agentes estatales o municipales del orden público tienen que estar conscientes de que, aquí en Puerto Rico, a las agentes del orden público –que tienen que rotar entre distintos turnos de trabajo, y que tienen que trabajar durante eventos especiales– no les conviene tener hijos.

También deben estar conscientes, las indicadas mujeres, sobre los resultados de un estudio que fue realizado por investigadores del Departamento de Agricultura de los Estados Unidos de América (*USDA*, por sus siglas en inglés). Digo eso ya que los resultados de ese estudio, que fueron dados a conocer en 2013, demostraron que el costo de parir, criar y mantener a un odioso muchachito hasta los dieciocho años de edad está entre «$241,080 y $301,970.»[ccxxv]

II. La guardia de seguridad

En Puerto Rico, miles de personas trabajan como guardias de seguridad. Debe saber que dije miles ya que, para beneficio de los agentes de la Policía de Puerto Rico y de la Policía Municipal, poco más de cincuenta mil personas trabajan como guardias de seguridad.[ccxxvi]

Es meritorio señalar que los guardias de seguridad (también hay mujeres) que trabajan en Puerto Rico, además de ser pobres, son valientes. Digo eso ya que trabajar como guardia de seguridad en Puerto Rico es, por decir lo menos, un asunto peligroso y estresante. De hecho, Puerto Rico es el territorio o estado de los Estados Unidos de América en donde se ejecutan más actos criminales en contra de los guardias de seguridad.

Debe tener presente que, cuando digo actos violentos eso incluye robos, agresiones y asesinatos. También se han reportado casos de guardias de seguridad del sexo femenino que, tristemente, han sido sexualmente agredidas durante sus turnos de trabajo.

Dicho eso, es necesario plasmar dos ejemplos para que usted vea: (1) que ser guardia de seguridad es más peligroso que ser agente del orden público; y (2) que los guardias de seguridad no son respetados ni apreciados en Puerto Rico. El primer ejemplo está relacionado con un triste caso que ocurrió en una escuela pública de Puerto Rico. Allí, en 2007, un maleante entró ilegalmente a un plantel escolar y, en nombre del machismo y de la violencia, agredió sexualmente a la guardia (una mujer) de seguridad que estaba vigilando la escuela.[ccxxvii]

El segundo ejemplo está relacionado con un lamentable caso que ocurrió en el municipio de Toa Baja, Puerto Rico. Allí, en 2014, dos bandidos se personaron al «Centro de Servicios Médicos de Levittown» y, descaradamente, asaltaron y balearon al guardia de seguridad que prestaba vigilancia.[ccxxviii]

Dicho eso, ahora le tengo que mencionar que las valientes guardianas de seguridad –que muchas de ellas son madres jóvenes– son adiestradas para que entiendan que la seguridad privada, que es un lucrativo negocio que está mayoritariamente en manos de varones, «no puede ser ocasión de agresiones, coacciones, desconocimiento de derechos o invasión de las esferas jurídicas y patrimoniales de otras personas.»[ccxxix]

También le tengo que mencionar que la gran mayoría de las vigilantes de seguridad, está constituida por mujeres pobres y valientes que tomaron la decisión de ser guardias de seguridad por la sencilla razón de que no pudieron conseguir mejores oportunidades de empleo. También debe saber que, en América y en Europa, la seguridad privada se ha convertido en una buena fuente de empleos para las mujeres. De hecho, cada lustro se registra un significativo aumento en la cantidad de mujeres: (1) que laboran como guardias de seguridad; y (2) que portan armas de fuego durante sus turnos de trabajo como guardias de seguridad.

Dicho eso, ahora tengo que decir que las mujeres maduras –especialmente si han recibido educación universitaria– y sin antecedentes penales son las más apropiadas para cubrir la mayoría de los puestos de seguridad, especialmente la mayoría de los puestos de seguridad que se han creado –o que se creen en el futuro–: (1) en las zonas turísticas; (2) en los centros comerciales; (3) en las oficinas gubernamentales; y (4) en los vestíbulos de los edificios.

Sostengo lo dicho ya que las mujeres, como regla general, suelen ser menos agresivas que los hombres. De hecho, se sabe que «los hombres son más propensos a utilizar la violencia para resolver discrepancias.»[ccxxx]

También recomiendo lo anterior ya que las mujeres, por medio de la educación informal, social y familiar que reciben sobre asuntos de género, aprenden –desde que son niñas– a minimizar la manifestación de conducta violenta cuando están en público. De hecho, todavía en este siglo se sigue «educando a las niñas para que no expresen agresividad y a los niños para que no manifiesten inseguridades ni ternura.»[ccxxxi]

Ahora bien, de todas las mujeres sin antecedentes penales y mentalmente estables que pueden ser reclutadas para trabajar como guardias de seguridad, yo entiendo que la mujer educada que sea –o haya sido– madre de un adolescente debe ser favorablemente evaluada. Digo eso ya que esas mujeres han tenido la experiencia de tener que lidiar con problemas sensitivos y, sobre todo, han tenido la experiencia de tener que lidiar con seres humanos problemáticos.

También son buenas candidatas las mujeres maduras y mentalmente estables que, además de no tener antecedentes penales ni querellas relacionadas con el maltrato familiar, hayan trabajado como agentes del orden público o en las fuerzas armadas.

Por último, cierro esta sección del libro brindado un consejo. Este consejo va dirigido a las mujeres y a los hombres que, seguramente por necesidad económica, están considerando trabajar –a tiempo completo o a tiempo parcial– como guardias de seguridad. El consejo es el siguiente: el trabajo que realiza un guardia de seguridad es un asunto serio. Digo eso ya que, además de que existe el riesgo de perder la vida, existe el riesgo de terminar seriamente herido durante un acto criminal.[ccxxxii]

A eso se suma que todo guardia de seguridad puede terminar criminalmente procesado si comete abusos, arbitrariedades y violencias. Es por eso que todo guardia de seguridad, si no quiere terminar criminalmente procesado, tiene que atenerse «en sus actuaciones a los principios de integridad y dignidad; protección y trato correcto a las personas, evitando abusos, arbitrariedades y violencias y actuando con congruencia y proporcionalidad en la utilización de sus facultades y de los medios disponibles.»[ccxxxiii]

III. Abogadas, fiscales y juezas

En Puerto Rico, en donde cada día hay más abogados pobres y quebrados, «el patrón histórico respecto a la composición de la profesión jurídica ha ido cambiando y [...] el componente femenino es cada vez mayor.»[ccxxxiv] De hecho, dicho aumento en el componente femenino ha sido tan marcado que, para bien de la profesión jurídica: (a) hoy día hay muchísimas juezas; (b) cada vez hay más mujeres trabajando como fiscales y como procuradoras; (c) muchas mujeres –aunque podría ser mejor– están trabajando en los bufetes más respetados; y (d) cada vez hay más mujeres trabajando en las escuelas de Derecho.

Es incuestionable que lo antes discutido, además de ser una buenísima noticia, es un asunto interesantísimo para la criminología. Digo eso ya que lo discutido demuestra, sin contar el hecho de que cada día hay más mujeres cometiendo actos delictivos, que cada día hay más mujeres participando –por ejemplo, como agentes, como fiscales, como juezas, como abogadas, como alguaciles, como trabajadoras sociales, entre otras posiciones– en el procesamiento criminal de los delincuentes y de las delincuentes.

También lo dicho es interesante ya que, además de que será un duro golpe para los machistas, se espera: (1) que sean más las juezas que los jueces; (2) que sean más las abogadas que los abogados; y (3) que sean más las fiscales que los fiscales.

Dicho eso, aprovecho la oportunidad para mencionar que el aumento en la cantidad de mujeres dentro de la profesión jurídica: (1) es un asunto positivo; y (2) es un asunto beneficioso para el desarrollo del Derecho. También digo que el indicado aumento –al igual que el aumento en la participación femenina en otras profesiones y en otros oficios que requieren educación continua– demuestra que cada vez hay más mujeres que, aunque ocasionalmente se diviertan: (a) están dispuestas a significativamente reducir el contacto con la vida mundanal; y (b) desean sumergirse en el estudio continuo.

Digo lo anterior ya que, como todo el mundo sabe, la abogacía es una profesión altamente sacrificada. De hecho, es de conocimiento general que todos los abogados –hombres y mujeres– tienen que «realizar esfuerzos para lograr y mantener un alto grado de excelencia y competencia en su profesión a través del estudio y la participación en programas educativos de mejoramiento profesional...».[ccxxxv]

También lo mencionado demuestra, a pesar de que en Puerto Rico cada lustro hay más mujeres delincuentes, que cada vez hay más mujeres dispuestas a alejarse de la depravación moral. Eso es bueno ya que la depravación moral, que es abundante en este mundo, «consiste en hacer algo contrario a la justicia, la honradez, [y] los buenos principios...».[ccxxxvi]

¿Y por qué dije que las mujeres, por medio del estudio del Derecho, tienen altísimas posibilidades de alejarse de la enorme depravación moral que existe en el planeta? Por motivo de que las abogadas, al igual que las estudiantes de derecho, saben que una abogada que incurra en actos de depravación moral, aunque no estén relacionados con la profesión jurídica, puede ser suspendida o expulsada de la abogacía.[ccxxxvii]

Ahora bien, debo advertir que lo mencionado es el lado positivo del asunto. Si uno profundiza un poco más, se podrán observar varios asuntos que son negativos y preocupantes. El primer asunto negativo y preocupante es que, a pesar de que se puede presumir que la inmensa mayoría de los abogados y de las abogadas que trabajan en la judicatura y en el ministerio público no incurre en actos de depravación, la verdad cruda y llana nos demuestra que los abogados (hombres y mujeres) que obtienen puestos en la judicatura y en el ministerio público, sin contar las pocas excepciones, consiguieron sus puestos por medio de actos contrarios a la honradez y al principio de mérito. Voy a examinar esto un poco más de cerca.

Se supone que las abogadas y los abogados que deseen trabajar en la judicatura y en el ministerio público, no incurran en el acto deshonesto de ñangotarse ante varios políticos a fin de que esos políticos, a cambio de favores, les ayuden a conseguir los puestos. Se supone, además, que los abogados y las abogadas que soliciten trabajar en la judicatura y en el ministerio público sean evaluados tomando en consideración «criterios de competencia, de idoneidad, de temperamento [...] pero sobre todo de preparación, de sensibilidad hacia los testigos y las víctimas que acuden a diario a los tribunales y a las partes que van a los tribunales.»[ccxxxviii]

Sin embargo la realidad enseña que, salvo raras y dichosas excepciones, los abogados y las abogadas que presentan solicitudes para trabajar en la fiscalía y en la judicatura tienen que ejecutar, para conseguir sus puestos, actos deshonestos que están relacionados con la inversión política, con el amiguismo y con la partidocracia. O, por decirlo de otra manera, los puestos en la judicatura y en el ministerio público se obtienen deshonestamente por medio de la inversión política, por medio de la fidelidad a un partido político o por medio de conexiones (que pueden estar relacionadas con amoríos) con la alta jerarquía gubernamental.[ccxxxix]

Otro negativo asunto es que, tanto en Puerto Rico como en los Estados Unidos continentales, la profesión jurídica ha dejado de ser una profesión lucrativa a pesar de que, incomprensiblemente, los costos de las escuelas de Derecho son absurdamente elevados.[ccxi]

A eso se suma, para tristeza de las abogadas que adoran el materialismo, que constantemente se abren oportunidades para que los ciudadanos: (a) puedan acudir a los tribunales sin tener que estar representados por abogados; y (b) puedan recibir servicios legales gratuitos por parte de oficinas de servicios legales.

Lo mencionado se complica cuando se sabe que, debido a la incompetencia y a la corrupción de los políticos y de los empresarios, Puerto Rico está atravesando por una gran depresión económica que, en apretada síntesis, se caracteriza «por el alto desempleo, la baja participación de la fuerza de trabajo, los niveles de pobreza en comparación con la parte continental de EE.UU., un descenso de la población y la debilidad de su sector farmacéutico clave.»[ccxii]

El punto central es que la profesión jurídica, a pesar de que muchísimas jóvenes desean ser fiscales y juezas, no puede –ni podrá– brindarle buenas oportunidades laborales ni económicas a la mayoría de las jóvenes que se están graduando de las escuelas de derecho.

Por eso creo que, a pesar de que es bueno adquirir conocimientos legales, las jóvenes que viven en el narcoestado de Puerto Rico no deben estudiar Derecho. Actualmente, como está la situación económica, laboral y social en Puerto Rico, la profesión jurídica no hará más que brindarles severos dolores de cabeza a las abogadas: (1) que no tengan conexiones políticas; o (2) que no provengan de familias adineradas.

Por último, ya que estoy hablando sobre asuntos jurídicos voy a mencionar que en Puerto Rico, por lo regular, los hombres: (a) suelen ser tratados con más dureza durante las etapas preliminares de los procesos criminales; y (b) suelen ser sentenciados con más dureza en los procesos criminales. Además, los fiscales suelen ofrecerles mejores acuerdos judiciales (comúnmente conocidos como alegaciones preacordadas) a las acusadas que a los acusados del sexo masculino.[ccxlii]

Por eso se puede decir que diversos factores, muchos de ellos relacionados con creencias culturales y populares, llevan a muchos miembros del sistema de justicia criminal a manejar de distintas formas los casos criminales. Es decir, a tratar a los criminales con dureza y a las mujeres delincuentes, aunque los hechos delictivos tengan mucha similitud, con benevolencia.

De hecho, cuando la mujer comete actos de violencia doméstica en contra de un hombre, por lo regular, la mujer delincuente recibe –por parte del sistema de justicia criminal– un trato «diferente, deferente y condescendiente.»[ccxliii]

Cabe señalar, teniendo lo anterior en mente, que no es extraño que existan varias espadas –recuerde que la ciega dama de la Justicia tiene una espada en la mano– dentro del sistema de justicia. Se sabe, como vimos, que hay una espada para los varones y otra espada para las mujeres. También se sabe que «hay una justicia para los acomodados y otra justicia para los pobres.»[ccxliv]

Y ya que estamos hablando de desigualdades dentro del Derecho recordemos que en los países capitalistas, mientras cada centavo que gana el pobre trabajador es cuidadosamente fiscalizado, es normal que existan leyes y decisiones judiciales que protejan los paraísos fiscales, «el fraude fiscal, la evasión de impuestos, en definitiva, la protección del capital acumulado por la burguesía.»[ccxlv]

Referencias

[i] Eduardo Galeano, escritor y pensador uruguayo, en: **Este es un mundo especializado en el exterminio del prójimo: Eduardo Galeano**. (2012). Colombia, Latinoamérica.: *Revista Arcadia*. Información consultada el 11 de agosto de 2013, de http://www.revistaarcadia.com/.

[ii] Manuel Torres Márquez. **La última la paga el diablo**. (2007, 19 de enero). Guaynabo, Puerto Rico.: *El Nuevo Día*. Recuperado el 31 de enero de 2007, de http://www.adendi.com/.

[iii] Rüdiger Safranski. (2008). **Schopenhauer y los años salvajes de la filosofía**. Barcelona, España.: *Tusquets Editores*, pág.58.

[iv] Vea los resultados de un estudio realizado por investigadores de la Universidad Carnegie Mellon, en: Rojas, B. (2015). **Estudio asegura que tener mucho sexo puede hacerle sentir infeliz**. Caguas, P.R.: *Metro*. Información consultada el 31 de diciembre de 2015, de http://www.metro.pr/plus/estudio-asegura-que-tener-mucho-sexo-puede-harcele-sentir-infeliz/gmWoek!XATd8E7squxeOnvi0wXRVA/. También debe leer: **Más sexo no es igual a más felicidad**. (2015). Guaynabo, Puerto Rico.: *Primera Hora*. [Versión electrónica:http://www.primerahora.com/estilos-de-vida/salud/nota/massexonoesigualamasfelicidad-1081953/].

[v] Schopenhauer, A. (2009). **Parerga y Paralipómena: escritos filosóficos sobre diversos temas**. Madrid, España.: Editorial Valdemar, pág.64. También debe leer: **El escándalo sexual que se extendió al Pentágono**. (2012). Londres, Reino Unido.: *British Broadcasting Corporation (BBC)*. Recuperado el 30 de diciembre de 2012, de http://news.bbc.co.uk/hi/spanish/news/.

[vi] César Antonio Molina. (2014). **La cultura y los perros**. Madrid, España.: *El País*. Consultado el 30 de diciembre de 2014, de http://elpais.com/elpais/2014/10/25/opinion/1414257907_313969.html. También debe leer: Armando B. Ginés. **El olvido y la sociología de lo cotidiano**. (2010). Madrid, España.: *Revista Rebelión*. Información consultada el 30 de diciembre de 2014, de http://www.rebelion.org/noticia.php?id=105016.

[vii] Sobre esto, debe leer las siguientes referencias: (a) **Naomi Campbell podría ir a prisión**. (2015). Guaynabo, Puerto Rico.: *El Nuevo Día*. Recuperado el 30 de octubre de 2015, de http://www.elnuevodia.com/entretenimiento/farandula/nota/naomicampbellpodriairaprision-2083868/;(b) **En la cárcel cuatro mujeres por pelea tras perder un vuelo**. (2014). Guaynabo, Puerto Rico.: *Primera Hora*. [Versión electrónica: www.primerahora.com.]; (c) Sara M. Justicia Doll. **Mujer mata a puñaladas a otra**. (2006, 11 de diciembre). Guaynabo, Puerto Rico.: *Primera Hora*. Recuperado el 31 de diciembre de 2006, de http://archivo.primerahora.com/.

[viii] Dr. Paul Krugman, premio Nobel de Economía y catedrático de la Universidad de Princeton, en: Krugman, P. (2015). **Donald Trump y El Que Decide**. Madrid, España: *El País*. Consultado el 30 de diciembre de 2015, de http://economia.elpais.com/economia/2015/12/22/actualidad/1450809353_134919.html.

[ix] Vea los resultados de un estudio realizado por expertos de la Universidad de Florida en Gainesville, en: **Más poderosas**. (2006, 23 de julio). Guaynabo, Puerto Rico.: *El Nuevo Día*. Recuperado el 23 de julio de 2006, de http://www.endi.com/. También debe leer: **Stephen Hawking, maltratado por su segunda esposa enfermera**. (2015). Madrid, España.: *El Mundo*. Consultado el 29 de agosto de 2015, de http://www.elmundo.es/loc/2015/01/24/54c288c2268e3e2d5f8b457a.html.

[x] Álvarez-Junco, J. (2016). **Nuestra primavera árabe**. Madrid, España: *El País*. Consultado el 30 de junio de 2016, de http://elpais.com/elpais/2016/02/23/opinion/1456255211_160200.html.

[xi] Lantigua, S.F. (2004). **La ira y no el alcohol es la responsable de la agresividad**. España, Unión Europea: *El Mundo*. Consultado el 2 de enero de 2015, de http://www.elmundo.es/elmundosalud/2003/12/30/neuropsiquiatria/1072805034.html.

[xii] Según los Centros para el Control y Prevención de Enfermedades de Estados Unidos (CDC por sus siglas en inglés). Vea más información en: Drexler, P. (2013) **¿Por qué hay cada vez más mujeres que beben?** Georgia, EUA.: *Turner Broadcasting System*. Información consultada el 27 de marzo de 2015, de http://cnnespanol.cnn.com/2013/06/04/por-que-hay-cada-vez-mas-mujeres-que-beben/#0.

[xiii] Lantigua, S.F. (2004). **La ira y no el alcohol es la responsable de la agresividad**. España, Unión Europea: *El Mundo*. Consultado el 2 de enero de 2015, de http://www.elmundo.es/elmundosalud/2003/12/30/neuropsiquiatria/1072805034.html. También debe leer: Rodríguez, M. (2016). **Cerca de 95% de los homicidas en todo el mundo son hombres... ¿Por qué las mujeres matan menos?** Londres, Reino Unido: *British Broadcasting Corporation (BBC)*. Consultado el 4 de noviembre de 2016, de http://www.bbc.com/mundo/noticias-37433790.

[xiv] **Suspenden agente municipal de San Juan por incidente en Morovis**. (2016). San Juan, Puerto Rico.: *Noticel*. Consultado el 29 de julio de 2016, de http://www.noticel.com/noticia/192802/suspenden-agente-municipal-de-san-juan-por-incidente-en-morovis.html.

[xv] Director ejecutivo de Unicef, Anthony Lake, en: **Cada cinco minutos muere un niño víctima de la violencia**. (2016). Moscú, Rusia.: *Russia Today (RT)*. Información consultada el 30 de julio de 2016, de https://actualidad.rt.com/sociedad/213023-unicef-cinco-minutos-nino-muerto-violencia. También debe leer: Kamal, B. (2016). **Una humanidad con millones de niñas y niños torturados y abusados**. Montevideo, Uruguay.: *Agencia de Noticias Inter Press Service (IPS)*. Consultado el 12 de septiembre de 2016, de http://www.ipsnoticias.net/2016/08/una-humanidad-con-millones-de-ninas-y-ninos-torturados-y-abusados/.

[xvi] Vea los resultados de un estudio realizado por expertos de la Universidad de Florida en Gainesville, en: **Más poderosas**. (2006, 23 de julio). Guaynabo, Puerto Rico.: *El Nuevo Día*. Recuperado el 23 de julio de 2006, de http://www.endi.com/.

[xvii] **El exceso de TV en un niño puede convertirle en un antisocial de adulto**. (2013). España, Unión Europea.: *Revista Te Interesa*. Información consultada el 23 de enero de 2014, de http://www.teinteresa.es/.

[xviii] Marian Díaz. **Un enemigo silente el acoso en el trabajo**. (2012). Guaynabo, Puerto Rico.: *El Nuevo Día*. [Versión electrónica].

[xix] Jackeline Del Toro Cordero. **Herramienta contra el acoso laboral**. (2012). San Juan, Puerto Rico.: *El Vocero de Puerto Rico*. [Versión electrónica]. También debe leer las siguientes referencias: (a) Marian Díaz. **Un enemigo silente el acoso en el trabajo**. (2012). Guaynabo, Puerto Rico.: *El Nuevo Día*. [Versión electrónica]; (b) Alba Y Muniz Gracia. **Son muchas las personas que son víctimas de acoso en el trabajo**. (2013). Guaynabo, Puerto Rico.: *Primera Hora*. [Versión electrónica].

[xx] Agudo, A. (2012). **El capitalismo premia rasgos del psicópata**. Madrid, España.: *El País*. Consultado el 30 de diciembre de 2013, de http://www.elpais.com/.

[xxi] Vea los resultados de un estudio hecho por expertos de la Universidad de Florida, en Gainesville, en: **La nueva generación de mujeres agresivas**. (2006). Buenos Aires, Argentina.: *Infobae*. Consultado el 9 de mayo de 2010, de http://www.infobae.com/. También debe leer: (a) Rod McKenzie. (2009). **Men who face domestic abuse**. Londres, Reino Unido.: *British Broadcasting Corporation (BBC)*. Recuperado el 30 de diciembre de 2014, de http://www.bbc.co.uk/; (b) **Más poderosas**. (2006). Guaynabo, Puerto Rico.: *El Nuevo Día*. Recuperado el 23 de julio de 2006, de http://www.endi.com/.

[xxii]**Las 10 profesiones con más psicópatas**. (2013). Guaynabo, Puerto Rico.: *El Nuevo Día*. [Versión electrónica].
[xxiii]Agudo, A. (2012). **El capitalismo premia rasgos del psicópata**. Madrid, España.: *El País*. Consultado el 30 de diciembre de 2013, de http://www.elpais.com/. Lea, además: **La mayor ventaja en una sociedad ultracompetitiva: ser un sociópata**. (2013). Madrid, España.: *El Confidencial*. Información consultada el 31 de diciembre de 2013, de http://www.elconfidencial.com/; Matt Huston. (2013). **The Upside of Dark Minds**. New York, NY.: *Psychology Today*. Información consultada el 12 de diciembre de 2013, de http://www.psychologytoday.com/; **Las tres virtudes del psicópata**. (2013). Distrito Federal, México.: *Revista Muy Interesante*. Información consultada el 19 de diciembre de 2013, de http://www.muyinteresante.com.mx/.
[xxiv]**Mujer golpea a policía municipal que la detuvo en Guayama**. (2011). Guaynabo, Puerto Rico.: *Primera Hora*. [Versión electrónica].
[xxv]**Mujer agrede a su pareja en tribunal de Fajardo**. (2013). Guaynabo, Puerto Rico.: *El Nuevo Día*. [Versión electrónica].
[xxvi]**Involucrados dos policías en incidentes de violencia doméstica**. (2006). Guaynabo, Puerto Rico.: *Primera Hora*. Recuperado el 30 de enero de 2006, de http://www.primerahora.com/.
[xxvii]Paula Vilella. **A la basura dos siglos de conquistas**. (2012). Londres, Reino Unido.: *British Broadcasting Corporation (BBC)*. Recuperado el 30 de diciembre de 2012, de http://news.bbc.co.uk/hi/spanish/news/.
[xxviii]Limarys Suárez Torres. **Estudio revela el perfil del delincuente juvenil**. (2013). Guaynabo, Puerto Rico.: *El Nuevo Día*. [Versión electrónica]. Lea, además: **Nueva vista preliminar contra madre que asfixió a su hijo**. (2009, 3 de marzo). Guaynabo, Puerto Rico.: *Primera Hora*. [Versión electrónica: www.primerahora.com.].
[xxix]**El incremento de la delincuencia femenina**. (2011). Colombia, Latinoamérica.: *El Heraldo*. Información consultada el 23 de enero de 2014, de http://elheraldo.co/editorial/el-incremento-de-la-delincuencia-femenina-24259. También debe leer: (a) **Anciana sospechosa de haber matado a cinco maridos**. (2008). *Primera Hora*. Guaynabo, Puerto Rico. [Versión electrónica]; (b) Marrero, R. (2014). **Cuando ella es la agresora, no se trata igual**. Guaynabo, Puerto Rico.: *Primera Hora*. [Versión electrónica: http://www.primerahora.com/noticias/policia-tribunales/nota/cuandoellaeslaagresoranosetrataigual-1035391/.]; (c) Delgado-Castro, I. (2012). **Cuando la mujer es la agresora**. Guaynabo, Puerto Rico.: *El Nuevo Día*. [Versión electrónica: http://www.elnuevodia.com/estilosdevida/hogar/nota/cuandolamujereslaagresora-1286279/].
[xxx]**¿Por qué es tabú hablar de la violencia que cometen las mujeres?** (2015). Londres, Reino Unido: *British Broadcasting Corporation (BBC)*. Consultado el 30 de junio de 2015, de http://www.bbc.com/mundo/noticias/2015/06/150608_violencia_politica_mujeres_terroristas_guerrilleras_bugnon_aw. También debe leer: (a) **Hombres son víctimas fatales del abuso de sus parejas**. (2012). Caguas, Puerto Rico.: *Metro*. Información consultada el 25 de diciembre de 2012, de http://www.metro.pr/; (b) Sepúlveda, A. (2015). **Las "viudas negras" que han marcado la historia**. San Juan, Puerto Rico.: *Noticel*. Información consultada el 29 de octubre de 2015, de http://www.noticel.com/noticia/181898/las-viudas-negras-que-han-marcado-la-historia-galeria.html.
[xxxi]Pablo A. Jiménez **¿Madres asesinas?** (2011). Guaynabo, Puerto Rico.: *El Nuevo Día*. [Versión electrónica].
[xxxii]**Las 10 profesiones con más psicópatas**. (2013). Guaynabo, Puerto Rico.: *El Nuevo Día*. [Versión electrónica].
[xxxiii]Jorge Mario Bergoglio, obispo de Roma, según citado en: De Juana, A. (2016). **Papa Francisco pide acabar de una vez con el hambre en el mundo**. Lima, Perú. *ACI*

Prensa. Consultado el 27 de julio de 2016, de https://www.aciprensa.com/noticias/papa-francisco-pide-acabar-de-una-vez-con-el-hambre-en-el-mundo-55725/.

[xxxiv] **A la cárcel joven acusada de matar a su bebé**. (2010, agosto). Guaynabo, Puerto Rico.: *El Nuevo Día*. [Versión electrónica].

[xxxv] **A la cárcel joven acusada de matar a su bebé**. (2010, agosto). Guaynabo, Puerto Rico.: *El Nuevo Día*. [Versión electrónica].

[xxxvi] **Presa la mujer que presuntamente mató a su bebé**. (2011). Guaynabo, Puerto Rico.: *El Nuevo Día*. [Versión electrónica].

[xxxvii] Andrés Pueyo, profesor de Psicología y Criminología de la Universidad de Barcelona, en: Rodríguez, M. (2016). **Cerca de 95% de los homicidas en todo el mundo son hombres... ¿Por qué las mujeres matan menos?** Londres, Reino Unido: *British Broadcasting Corporation (BBC)*. Consultado el 4 de noviembre de 2016, de http://www.bbc.com/mundo/noticias-37433790.

[xxxviii] Artículo 3 de la **Ley de Puerto Rico Núm. 177 del año 2003**.

[xxxix] Raúl Llanos & Gabriela Romero. **Las madres en DF, principales agresoras de niños en el seno familiar: estudio**. (2008, 13 de marzo). *La Jornada*. Ciudad de México, México. Recuperado el 1 de septiembre de 2008, de http://www.jornada.unam.mx/.

[xl] Santa, X. (2007). **Maltrato Infantil**. Chile, Latinoamérica.: *Revista Ecovisiones*. Consultado el 1 de mayo de 2008, de http://www.ecovisiones.cl/.

[xli] **Castigos físicos aumentan agresividad**. (2012). Distrito Federal, México.: *Revista Muy Interesante*. Consultado el 14 de febrero de 2012, de http://www.muyinteresante.com.mx/.

[xlii] **Castigos físicos aumentan agresividad**. (2012). Distrito Federal, México.: *Revista Muy Interesante*. Consultado el 14 de febrero de 2012, de http://www.muyinteresante.com.mx/.

[xliii] Antonio R. Gómez. **Confinados tiene poca escolaridad y provienen de hogares disfuncionales**. (2013). Guaynabo, Puerto Rico.: *Primera Hora*. [Versión electrónica].

[xliv] **Crisis difícil de diagnosticar**. (2005, 26 de diciembre). Guaynabo, Puerto Rico.: *Primera Hora*. Recuperado el 26 de diciembre de 2005, de http://www.primerahora.com/. Lea, además: Rivera, D. (2005). **Hijos del maltrato y la deserción escolar**. Guaynabo, Puerto Rico.: *El Nuevo Día*. Recuperado el 18 de julio de 2005, de http://www.endi.com/.

[xlv] Limarys Suárez Torres. **Estudio revela el perfil del delincuente juvenil**. (2013). Guaynabo, Puerto Rico.: *El Nuevo Día*. [Versión electrónica].

[xlvi] Camile Roldán Soto. **Disciplina que funciona**. (2013). Guaynabo, Puerto Rico.: *El Nuevo Día*. [Versión electrónica].

[xlvii] Exposición de Motivos de la **Ley de Puerto Rico Núm. 177 del año 2003**.

[xlviii] Bauzá, N. (2009). **Las titanas**. *Periódico Primera Hora*. Guaynabo, Puerto Rico. [Versión electrónica].

[xlix] Bauzá, N. (2009). **Las titanas**. *Periódico Primera Hora*. Guaynabo, Puerto Rico. [Versión electrónica].

[l] Jaime Torres Torres. **Extraños bajo el mismo techo**. (2006, 3 de junio). Guaynabo, Puerto Rico.: *El Nuevo Día*. Recuperado el 3 de junio de 2006, de http://www.endi.com/. Lea, además: American Psychological Association. (2014). **Cómo criar a los niños para que se opongan a la violencia: lo que usted puede hacer**. Washington, DC. Información consultada el 23 de enero de 2014, de http://www.apa.org/news/index.aspx.

[li] Jaime Torres Torres. **Extraños bajo el mismo techo**. (2006, 3 de junio). Guaynabo, Puerto Rico.: *El Nuevo Día*. Recuperado el 3 de junio de 2006, de http://www.endi.com/.

[lii] Mari Lourdes Mendoza. **Tiempo de calidad**. (2006, 6 de mayo). Guaynabo, Puerto Rico. *El Nuevo Día*. Recuperado el 6 de mayo de 2006, de http://www.endi.com/.

[liii] American Psychological Association. (2014). **La familia de padres solteros y la familia actual**. Washington, DC. Información consultada el 23 de enero de 2014, de http://www.apa.org/.

[liv] Soraida Asad Sánchez. (2016). **Un monstruo adictivo llamado celular**. Guaynabo, Puerto Rico.: *Primera Hora*. Consultado el 30 de julio de 2016, de http://www.primerahora.com/estilos-de-vida/madres/nota/unmonstruoadictivollamadocelular-1164446/.

[lv]Gerardo Alvarado León, **Oídos sordos a los consejos en casa**. (2006, 28 de mayo). Guaynabo, Puerto Rico.: *El Nuevo Día*. Recuperado el 28 de mayo de 2006, de http://www.endi.com/.

[lvi]Jaime Torres Torres. **Extraños bajo el mismo techo**. (2006, 3 de junio). Guaynabo, Puerto Rico.: *El Nuevo Día*. Recuperado el 3 de junio de 2006, de http://www.endi.com/.

[lvii]**Madres trabajadoras = hijos menos sanos**. (2009, septiembre). Londres, Reino Unido.: *British Broadcasting Corporation (BBC)*. Recuperado el 30 de diciembre de 2009, de http://news.bbc.co.uk/hi/spanish/news/.

[lviii]Jorge Araujo. **La comida chatarra y conducta violenta**. (2010). Venezuela, Latinoamérica.: *Aporrea*. Información consultada el 29 de diciembre de 2010, de http://www.aporrea.org/.

[lix]Jorge Araujo. **La comida chatarra y conducta violenta**. (2010). Venezuela, Latinoamérica.: *Aporrea*. Información consultada el 29 de diciembre de 2010, de http://www.aporrea.org/; Thomas, P. (2006). **La comida basura aumenta la violencia social**. Madrid, España.: *Holística*. Información consultada el 1 de junio de 2009, de http://www.holistika.net/busqueda/articulo.asp?artid=817&s=azucar.

[lx]**El tiempo y los contenidos de la televisión**. (2009). Virginia, EUA.: *Guía Infantil*. Consultada el 1 de mayo de 2009, de http://www.guiainfantil.com/.

[lxi]Serge Latouche, economista y escritor, en: Elola, J. (2013). **Hay que trabajar menos horas para trabajar todos**. Madrid, España: *El País*. Consultado el 30 de julio de 2016, de http://internacional.elpais.com/internacional/2013/08/15/actualidad/1376575866_220660.html. También debe leer: Denegri, M.A. (2015). **Basuralización televisiva**. Perú, Latinoamérica.: *Empresa Editora El Comercio*. Información consultada el 15 de octubre de 2015, de http://elcomercio.pe/opinion/columnistas/basuralizacion-televisiva-marco-aurelio-denegri-noticia-1837024?ref=nota_las-fuerzas-vivas&ft=mod_leatambien&e=titulo.

[lxii]Eduardo Galeano, según citado en: Stella Calloni. **Eduardo Galeano: los inmoribles**. (2015). San Juan, Puerto Rico.: *Noticel*. Información consultada el 29 de abril de 2015, de http://www.noticel.com/blog/174585/eduardo-galeano-los-inmoribles.html. También debe leer: Denegri, M.A. (2015). **Basuralización televisiva**. Perú, Latinoamérica.: *Empresa Editora El Comercio*. Información consultada el 15 de octubre de 2015, de http://elcomercio.pe/opinion/columnistas/basuralizacion-televisiva-marco-aurelio-denegri-noticia-1837024?ref=nota_las-fuerzas-vivas&ft=mod_leatambien&e=titulo.

[lxiii]Eduardo Galeano, premio Stig Dagerman y premio Casa de las Américas, en: Galeano, E. (1996). **La escuela del crimen**. Madrid, España.: *El País*. Consultado el 31 de octubre de 2015, de http://elpais.com/diario/1996/07/11/opinion/837036004_850215.html.

[lxiv]**El exceso de TV en un niño puede convertirle en un antisocial de adulto**. (2013). España, Unión Europea.: *Revista Te Interesa*. Información consultada el 23 de enero de 2014, de http://www.teinteresa.es/salud/Exceso-aumenta-conducta-antisocial-estudio_0_868713183.html.

[lxv]Northeastern University. (2008). **Can Involvement In Extra-curricular Activities Help Prevent Juvenile Delinquency?** Rockville, MD.: *Science Daily*. Información consultada el 28 de diciembre de 2013, de http://www.sciencedaily.com/.

[lxvi]Vea las palabras del maestro Eugenio Trías, filósofo español, en: Eugenio Trias. **Aforismos para una guerra**. (1991). Madrid, España.: *El País*. Consultado el 30 de mayo de 2007, de http://www.elpais.com/.

[lxvii]Schopenhauer, A. (2009). **Parerga y Paralipómena**. Madrid, España.: *Editorial Valdemar*, pág.380.

[lxviii]**Stephen Hawking, maltratado por su segunda esposa enfermera**. (2015). Madrid, España.: *El Mundo*. Consultado el 29 de agosto de 2015, de http://www.elmundo.es/loc/2015/01/24/54c288c2268e3e2d5f8b457a.html.

[lxix]Ileana Delgado Castro. **Cuando la mujer es la agresora**. (2012). Guaynabo, Puerto Rico.: *El Nuevo Día*. [Versión electrónica]. También debe leer las siguientes referencias: (a) Carlos Aurelio. (2009). **Millones de hombres son golpeados en sus hogares**. *Diario*

Hoy. Madrid, España. Información consultada el 31 de diciembre de 2009, de http://www.hoy.es/; (b) Ellicott, C. (2011). **More women convicted of battering men, as domestic violence soars in last five years**. Reino Unido, Unión Europea.: *Dailymail*. Información consultada el 12 de junio de 2012, de http://www.dailymail.co.uk/; (c) **Hombres golpeados y desesperados, realidad en México**. (2009). México, Latinoamérica.: *La Vanguardia*. Información consultada el 12 de febrero de 2012, de http://www.vanguardia.com.mx/.

lxxIleana Delgado Castro. **Cuando la mujer es la agresora**. (2012). Guaynabo, Puerto Rico.: *El Nuevo Día*. [Versión electrónica].

lxxiVea el análisis del Dr. Pablo Morales Lara, psicólogo clínico, en: Delgado-Castro, I. (2012). **Cuando la mujer es la agresora**. Guaynabo, Puerto Rico.: *El Nuevo Día*. [Versión electrónica: http://www.elnuevodia.com/estilosdevida/hogar/nota/cuandolamujereslaagresora-1286279/]. También debe leer las siguientes referencias: (a) McKenzie, R. (2009). **Men who face domestic abuse**. Londres, Reino Unido.: *British Broadcasting Corporation (BBC)*. Recuperado el 30 de diciembre de 2014, de http://www.bbc.co.uk/; (b) **Bajo arresto mujer que intentó fabricarle un caso a su pareja**. (2015). San Juan, Puerto Rico.: *Noticel*. Información consultada el 29 de agosto de 2015, de http://www.noticel.com/noticia/178420/bajo-arresto-mujer-que-intento-fabricarle-un-caso-a-su-pareja.html.

lxxii**Bajo arresto mujer que intentó fabricarle un caso a su pareja**. (2015). San Juan, Puerto Rico.: *Noticel*. Información consultada el 29 de agosto de 2015, de http://www.noticel.com/noticia/178420/bajo-arresto-mujer-que-intento-fabricarle-un-caso-a-su-pareja.html.

lxxiiiPadró, A. (2005, 20 de septiembre). **Prisioneros de la hostilidad y del coraje**. San Juan, Puerto Rico.: *Zonai, Vida Digital*. Recuperado el 20 de septiembre de 2005, de http://www.zonai.com/. También debe leer las siguientes referencias: (a) **Maripily fue la que empujó a Roberto Alomar según la Policía**. (2010, agosto). Guaynabo, Puerto Rico.: *Primera Hora*. [Versión electrónica]; (b) Pedro Bosque Pérez. **Orden de protección contra mujer policía**. (2008, 20 de septiembre). *El Nuevo Día*. Guaynabo, Puerto Rico. Recuperado el 31 de diciembre de 2008, de http://www.elnuevodia.com/.

lxxivCash, A. (2003). **Psicología**. Bogotá, Colombia: *Grupo Editorial Norma*, pág.130.

lxxv**Violencia doméstica pega a los hombres boricuas**. (2012). Caguas, Puerto Rico.: *Metro*. Información consultada el 25 de diciembre de 2012, de http://www.metro.pr/. También debe leer: **Ex esposa de Rolando Crespo le pidió perdón por haberlo agredido**. (2011). Guaynabo, Puerto Rico.: *Primera Hora*. [Versión electrónica]; **Esposa amenaza de muerte a Hernández Agosto**. (2011). Guaynabo, Puerto Rico.: *El Nuevo Día*. [Versión electrónica].

lxxvi**Bajo arresto mujer que intentó fabricarle un caso a su pareja**. (2015). San Juan, Puerto Rico.: *Noticel*. Información consultada el 29 de agosto de 2015, de http://www.noticel.com/noticia/178420/bajo-arresto-mujer-que-intento-fabricarle-un-caso-a-su-pareja.html. También debe leer las siguientes referencias: (1) Ileana Delgado Castro. **Cuando la mujer es la agresora**. (2012). Guaynabo, Puerto Rico.: *El Nuevo Día*. [Versión electrónica]; (2) Marrero, R. (2014).**Cuando ella es la agresora, no se trata igual**. Guaynabo, Puerto Rico.: *Primera Hora*. [Versión electrónica: http://www.primerahora.com/noticias/policia-tribunales/nota/cuandoellaeslaagresoranosetrataigual-1035391/.].

lxxviiVea el análisis del Dr. Pablo Morales Lara, psicólogo clínico, en: Delgado-Castro, I. (2012). **Cuando la mujer es la agresora**. Guaynabo, Puerto Rico.: *El Nuevo Día*. [Versión electrónica: http://www.elnuevodia.com/estilosdevida/hogar/nota/cuandolamujereslaagresora-1286279/].

lxxviiiDelgado-Castro, I. (2012). **Cuando la mujer es la agresora**. Guaynabo, Puerto Rico.: *El Nuevo Día*. [Versión electrónica].

lxxixLimarys Suárez Torres. **Estudio revela el perfil del delincuente juvenil.** (2013). Guaynabo, Puerto Rico.: *El Nuevo Día*. [Versión electrónica].

lxxxNegrón, I. (2013). **Desde el corazón de la violencia.** Guaynabo, Puerto Rico.: *El Nuevo Día*. Información consultada el 25 de febrero de 2013 {Versión electrónica}.

lxxxiPadró, A. (2005, 20 de septiembre). **Prisioneros de la hostilidad y del coraje.** San Juan, Puerto Rico.: *Zonai, Vida Digital*. Recuperado el 20 de septiembre de 2005, de http://www.zonai.com/.

lxxxiiLara, A. (2013). **Mujeres agresivas, también le entran a los golpes.** México, Latinoamérica.: *Televisa Aguascalientes*. Información consultada el 23 de diciembre de 2013, de http://www.televisaregional.com/aguascalientes/noticias/199538231.html. También debe leer las siguientes referencias: (1) **Mujer sería acusada por morder labio de su pareja en medio de discusión.** (2013). Guaynabo, Puerto Rico.: *El Nuevo Día*. [Versión electrónica]; (2) **Hombres son víctimas fatales del abuso de sus parejas.** (2012). Caguas, Puerto Rico.: *Metro*. Información consultada el 25 de diciembre de 2012, de http://www.metro.pr/.

lxxxiiiSociety for Research in Child Development. **Marital conflict causes stress in children, may affect cognitive development.** *ScienceDaily*, 28 Mar. 2013. Web. 28 Mar. 2013.

lxxxivExposición de Motivos de la **Ley de Puerto Rico Núm. 177 del año 2003**.

lxxxv**Mujer choca a su expareja que viajaba en motora con su novia.** (2012). Guaynabo, Puerto Rico.: *El Nuevo Día*. [Versión electrónica].

lxxxviRicardo Cortés Chico. **Lo hiere tras negarse a ayudarla a limpiar la casa.** (2012). Guaynabo, Puerto Rico.: *El Nuevo Día*. [Versión electrónica].

lxxxviiTomás de Jesús Mangual. **Cae por apuñalar a esposo.** (2008, 7 de julio). *El Vocero de Puerto Rico*. San Juan, Puerto Rico. [Versión electrónica].

lxxxviii**Mujer sería acusada por morder labio de su pareja en medio de discusión.** (2013). Guaynabo, Puerto Rico.: *El Nuevo Día*. [Versión electrónica].

lxxxixEudaldo Báez Galib **¿Somos un basurero?** (2008). *El Vocero de Puerto Rico*. San Juan, Puerto Rico. [Versión electrónica].

xcFrances Rosario. **Familia lanza campaña para prevenir el maltrato infantil.** (2013). Guaynabo, Puerto Rico.: *El Nuevo Día*. [Versión electrónica]; **A la cárcel joven acusada de matar a su bebé.** (2010). Guaynabo, Puerto Rico.: *El Nuevo Día*. [Versión electrónica].

xciBonilla, G. (2011). **Factores que influyen en el maltrato de los niños y niñas.** Montevideo, Uruguay.: *Monografías*. Recuperado el 12 de noviembre de 2013, de http://www.monografias.com/trabajos88/factores-que-influyen-maltrato-ninos-y-ninas/factores-que-influyen-maltrato-ninos-y-ninas2.shtml#ixzz2pN0BKXB4.

xciiLópez, C. (2006). **Impacta la violencia a 50,000 niños cada año.** *El Nuevo Día*. Guaynabo, Puerto Rico. Recuperado el 17 de agosto de 2006, de http://www.endi.com/.

xciii**Arranca juicio contra mujer que asesinó a sus dos hijos.** (2011). Guaynabo, Puerto Rico.: *El Nuevo Día*. [Versión electrónica].

xcivMaribel Hernández Pérez. **Acusan mujer por maltrato de bebé de tres meses.** (2006, 14 de diciembre). *Primera Hora*. Guaynabo, Puerto Rico. Recuperado el 31 de diciembre de 2006, de http://archivo.primerahora.com/.

xcvMoltó, E. (2011). **Una madre mata a su hija de tres años en Alicante tras perder su custodia.** Madrid, España: *El País*. Consultado el 30 de diciembre de 2014, de http://elpais.com/diario/2011/08/18/cvalenciana/1313695078_850215.html.

xcviDelgado, I. (2007). **El momento de hablar es ahora.** *El Nuevo Día*. Guaynabo, Puerto Rico. Recuperado el 1 de diciembre de 2007, de http://www.elnuevodia.com/.

xcviiJackeline Del Toro Cordero. **Devastador el reflejo de la Isla en el censo de la pasada década.** (2011). San Juan, Puerto Rico.: *El Vocero de Puerto Rico*. [Versión electrónica].

xcviiiLimarys Suárez Torres. **Estudio revela el perfil del delincuente juvenil.** (2013). Guaynabo, Puerto Rico.: *El Nuevo Día*. [Versión electrónica].

[xcix]Arelis Villanueva Cabeza, Vicerrectoría de Calidad de Vida en la Universidad Metropolitana de Puerto Rico, en: Laura M. Quintero. (2016). **Hay más víctimas de violencia sexual, pero menos denuncias**. San Juan, Puerto Rico.: *El Vocero de Puerto Rico*. Versión electrónica: http://elvocero.com/hay-mas-victimas-de-violencia-sexual-pero-menos-denuncias/.

[c]Vea el análisis del Fondo de las Naciones Unidas para la Infancia (Unicef), en: **Cada cinco minutos muere un niño víctima de la violencia**. (2016). Moscú, Rusia.: *Russia Today (RT)*. Información consultada el 30 de julio de 2016, de https://actualidad.rt.com/sociedad/213023-unicef-cinco-minutos-nino-muerto-violencia.

[ci]**Acusan a maestra de agresión sexual por tener relaciones con estudiante de 12 años**. (2011). Guaynabo, Puerto Rico.: *Primera Hora*. [Versión electrónica]; **Procesable mujer acusada de violar a su vecino de 12 años**. (2011). Guaynabo, Puerto Rico.: *Primera Hora*. [Versión electrónica]; **Cómo reconocer a una depredadora sexual de menores**. (2011). Guaynabo, Puerto Rico.: *El Nuevo Día*. [Versión electrónica]; Horacio Rocha Staines. (2008). **Pedofilia, un crimen no sólo de hombres**. México, Latinoamérica.: *Noticieros Televisa*. Información consultada el 11 de junio de 2010, de http://www2.esmas.com/; Gaud, F. (2009). **Ocho años de probatoria a maestra por actos lascivos**. San Juan, Puerto Rico.: *Noticias Online*. Información consultada el 11 de noviembre de 2011, de http://www.noticiasonline.com/; Maelo Vargas Saavedra. (2008). **Maestra acusada por sexo con estudiante**. *Primera Hora*. Guaynabo, Puerto Rico. [Versión electrónica].

[cii]Vea los resultados de un análisis realizado por Juan Carlos Malavé Rexach, presidente de la Asociación de Profesionales de Sexología de Puerto Rico, en: **Cómo reconocer a una depredadora sexual de menores**. (2011). Guaynabo, Puerto Rico.: *El Nuevo Día*. [Versión electrónica]. También debe leer el análisis realizado por Electra González, trabajadora social de la Universidad de Chile, en: Carolina Rojas & Alejandra Carmona. (2008). **Mujeres que abusan de niños**. Chile, Latinoamérica.: *Empresa Periodística La Nación*. Información consultada el 11 de junio de 2009, de http://www.lanacion.cl/.

[ciii]Carolina Rojas & Alejandra Carmona. (2008). **Mujeres que abusan de niños**. Chile, Latinoamérica.: *Empresa Periodística La Nación*. Información consultada el 11 de junio de 2009, de http://www.lanacion.cl/.

[civ]**Study: Most female child molesters were victims of sexual abuse**. (2008). Quebec, Canadá.: *eScience News*. Información consultada el 27 de diciembre de 2010, de http://esciencenews.com/.

[cv]Canadian Children's Rights Council. (2014). **Female Sex Offenders & Female Sexual Predators**. Canadá, Norteamérica. Información consultada el 21 de marzo de 2014, de http://www.canadiancrc.com/Female_Sex_OffendersFemale_Sexual_Predators_awareness.aspx.Vea, además: Venugopal, S. (2013). **Double standard seen when boys abused by women**. Virginia, EUA.: *USA Today*. Información consultada el 28 de febrero de 2014, de http://www.usatoday.com/story/news/nation/2013/11/18/double-standard-seen-when-boys-sexually-abused-by-women/3615947/.

[cvi]Vea los resultados de un estudio realizado por expertos de la Universidad de Chile, en: Carolina Rojas & Alejandra Carmona. (2008). **Mujeres que abusan de niños**. Chile, Latinoamérica.: *Empresa Periodística La Nación*. Información consultada el 11 de junio de 2009, de http://www.lanacion.cl/.

[cvii]Sobre esto, debe leer la siguiente referencia: **Mujer es acusada de agredir sexualmente a dos niñas**. (2014). Guaynabo, Puerto Rico.: *Primera Hora*. [Versión electrónica: www.primerahora.com.].

[cviii]Sobre esto, debe leer la siguiente referencia: **El polémico perdón para la niñera que tuvo relaciones sexuales con un niño de 11 años**. (2015). Londres, Reino Unido: *British Broadcasting Corporation (BBC)*. Consultado el 30 de octubre de 2015, de http://www.bbc.com/mundo/noticias/2015/10/151007_violacion_abuso_sexual_ninera_sexo_menor_reino_unido_aw.

[cix]**Acusan a maestra de agresión sexual por tener relaciones con estudiante de 12 años**. (2011). Guaynabo, Puerto Rico.: *Primera Hora*. [Versión electrónica].
[cx]Gaud, F. (2009). **Ocho años de probatoria a maestra por actos lascivos**. San Juan, Puerto Rico.: *Noticias Online*. Información consultada el 11 de noviembre de 2011, de http://www.noticiasonline.com/. Vea, además: **Acusan maestra de agresión sexual**. (2008). Guaynabo, Puerto Rico.: *Wapa TV*. Información consultada el 11 de noviembre de 2011, de http://www.wapa.tv/.
[cxi]**Procesable mujer acusada de violar a su vecino de 12 años**. (2011). Guaynabo, Puerto Rico.: *Primera Hora*. [Versión electrónica].
[cxii]Vea las expresiones del Dr. Arthur Schopenhauer, según explicadas en: Fourmont, G. (2010). **Pesimismo, la receta contra el mal rollo**. España, UE.: *Público*. Consultado el 1 de mayo de 2013, de http://www.publico.es/culturas/302964/pesimismo-la-receta-contra-el-mal-rollo.
[cxiii]Planells, J. (1988). **Schopenhauer, entre la idolatría y el desprecio**. Madrid, España.: *El País*. Consultado el 30 de diciembre de 2011, de http://www.elpais.com/. Lea, además: Moreno, L.F. (2010). **Filósofo para esta época**. Madrid, España.: *El País*. Consultado el 30 de diciembre de 2012, de http://www.elpais.com/.
[cxiv]**Joseph Conrad**. (2013). Valencia, España.: *Proverbia*. Recuperado el 18 de agosto de 2013, de http://www.proverbia.net/. Léase, además: Fourmont, G. (2010). **Pesimismo, la receta contra el mal rollo**. España, Unión Europea.: *Público*. Información consultada el 18 de agosto de 2013, de http://www.publico.es/culturas/302964/pesimismo-la-receta-contra-el-mal-rollo; Planells, J. (1988). **Schopenhauer, entre la idolatría y el desprecio**. Madrid, España.: *El País*. Consultado el 30 de mayo de 2011, de http://www.elpais.com/.
[cxv]**Mujeres criminales por seguir a sus parejas**. (2013). México, Latinoamérica.: *Universia*. Consultada el 25 de diciembre de 2013, dehttp://noticias.universia.net.mx/en-portada/noticia/2013/04/26/1019822/mujeres-criminales-seguir-parejas.html.
[cxvi]**Más de media docena de personas participaron en las orgías**. (2010). Guaynabo, Puerto Rico.: *El Nuevo Día*. [Versión electrónica].
[cxvii]Nelson Gabriel Berríos. (2006). **Hay que decirlo**. Guaynabo, Puerto Rico.: *Primera Hora* .Recuperado el 27 de septiembre de 2006, de http://www.primerahora.com/.
[cxviii]Francisco Rodríguez-Burns. **Madre prostituye a su hija**. (2012). Guaynabo, Puerto Rico.: *Primera Hora*. [Versión electrónica].
[cxix]Caron Gentry, académica especializada en género y terrorismo de la Universidad de St Andrews, en: Rodríguez, M. (2016). **Cerca de 95% de los homicidas en todo el mundo son hombres... ¿Por qué las mujeres matan menos?** Londres, Reino Unido: *British Broadcasting Corporation (BBC)*. Consultado el 4 de noviembre de 2016, de http://www.bbc.com/mundo/noticias-37433790.
[cxx]Townsend, M., & Syal, R. (2009). **Up to 64,000 women in UK are child-sex offenders**. Reino Unido, Unión Europea.: *The Guardian*. Consultado el 1 de mayo de 2014, de http://www.theguardian.com/society/2009/oct/04/uk-female-child-sex-offenders.
[cxxi]Lorna Norori Gutiérrez. (2010). **Abusadoras sexuales**. Managua, Nicaragua.: *El Nuevo Diario*. Información consultada el 30 de junio de 2010, de http://impreso.elnuevodiario.com.ni/2010/02/15/opinion/119093.
[cxxii]Exposición de Motivos de la **Ley de Puerto Rico Núm. 17 del 22 de abril de 1988**. Vea, además: **Men Get Sexually Harassed Too - And It's Harder On Them Than Women**. (2013). Reno, Nevada.: *Science2.0*. Información consultada el 23 de enero de 2014, de http://www.science20.com/.
[cxxiii]Nydia Bauzá. **Wiso Malavé no cumplirá en la cárcel**. (2013). Guaynabo, Puerto Rico.: *El Nuevo Día*. [Versión electrónica]; Istra Pacheco. **Con la frente en alto víctimas del exalcalde de Cidra**. (2013). Guaynabo, Puerto Rico.: *Primera Hora*. [Versión electrónica]; **¿Has sido víctima de acoso sexual?** (2010, agosto). Guaynabo, Puerto Rico.: *Primera Hora*. [Versión electrónica].
[cxxiv]Exposición de Motivos de la **Ley de Puerto Rico Núm. 17 del 22 de abril de 1988**. Vea, además: Eve Tahmincioglu. (2007). **Male sexual harassment is not a joke**. New

York, EUA.: *NBC News*. Información consultada el 11 de noviembre de 2011, de http://www.nbcnews.com/id/19536167/#.UtTQ_tJ5OF9.
[cxxv]Cecilia Yáñez. (2005). **Se buscan hombres acosados**. Chile, Latinoamérica.: *La Nación*. Información consultada el 11 de enero de 2010, de http://www.lanacion.cl/.
[cxxvi]Eve Tahmincioglu. (2007). **Male sexual harassment is not a joke**. New York, EUA.: *NBC News*. Consultado el 11 de noviembre de 2011, de http://www.nbcnews.com/; **Men Get Sexually Harassed Too - And It's Harder On Them Than Women**. (2013). Reno, Nevada.: *Science2.0*. Información consultada el 23 de enero de 2014, de http://www.science20.com/.
[cxxvii]**ICE chief of staff quits over sexual harass claims**. (2012). Nueva York, EUA.: *New York Post*. Consultado el 23 de enero de 2014, de http://nypost.com/2012/09/01/ice-chief-of-staff-quits-over-sexual-harass-claims/.
[cxxviii]**Men Get Sexually Harassed Too - And It's Harder On Them Than Women**. (2013). Reno, Nevada.: *Science2.0*. Información consultada el 23 de enero de 2014, de http://www.science20.com/news_articles/men_get_sexually_harassed_too_and_its_harder_them_women-111599.
[cxxix]Artículo 1 de la **Ley de Puerto Rico Núm. 17 de 22 de abril de 1988**. Vea, además: Rupert Neate. (2008). **Most men are harassed by women at work**. Reino Unido, Unión Europea.: *Telegraph Media Group*. Información consultada el 11 de noviembre de 2011, de http://www.telegraph.co.uk/.
[cxxx]**Adictos al sexo**. (2011). Londres, Reino Unido.: *British Broadcasting Corporation (BBC)*. Recuperado el 30 de diciembre de 2011, de http://news.bbc.co.uk/hi/spanish/news/.
[cxxxi]**Mujer pederasta: La `nanita' de Santa Teresa**. (2012). México, Latinoamérica.: *Vanguardia*. Consultado el 13 de enero de 2014, de www.vanguardia.com.mx/; **Niñera abusaba sexualmente de niño de 9 años**. (2013). San Juan, Puerto Rico.: *El Vocero de Puerto Rico*. [Versión electrónica]; **Maestra tenía orgías con estudiantes**. San Juan, Puerto Rico.: *El Vocero de Puerto Rico*. [Versión electrónica]; Alfredo Tello Espíndola. (2012). **Capturan a mujer pederasta**. México, Latinoamérica.: *El Sol de Orizaba*. Consultada el 23 de enero de 2014, de http://www.oem.com.mx/; **Arrestan a maestra por tener sexo con cinco niños en EE.UU.** (2013). Caguas, Puerto Rico.: *Metro*. Información consultada el 25 de diciembre de 2013, de http://www.metro.pr/; **Cómo reconocer a una depredadora sexual de menores**. (2011). Guaynabo, Puerto Rico.: *El Nuevo Día*. [Versión electrónica].
[cxxxii]Horacio Rocha Staines. (2008). **Pedofilia, un crimen no sólo de hombres**. México, Latinoamérica.: *Noticieros Televisa*. Información consultada el 11 de junio de 2010, de http://www2.esmas.com/. Vea, además: Carolina Rojas & Alejandra Carmona. (2008). **Mujeres que abusan de niños**. Chile, Latinoamérica.: *Empresa Periodística La Nación*. Información consultada el 11 de junio de 2009, de http://www.lanacion.cl/.
[cxxxiii]Carolina Rojas & Alejandra Carmona. (2008). **Mujeres que abusan de niños**. Chile, Latinoamérica.: *Empresa Periodística La Nación*. Información consultada el 11 de junio de 2009, de http://www.lanacion.cl/.
[cxxxiv]**Continuación del Código Penal, 1974 de Puerto Rico: Art. 122 Incesto**. (2002). *LexJuris*.: Bayamón, Puerto Rico. Información consultada el 31 de diciembre de 2013, de http://www.lexjuris.com/.
[cxxxv]Miguel Rivera Puig. **Presa tras incesto**. (2013). San Juan, Puerto Rico.: *El Vocero de Puerto Rico*. [Versión electrónica]. Vea, además: **Mujer se declara culpable por abusos sexuales a sus seis hijos**. (2011). Guaynabo, Puerto Rico.: *El Nuevo Día*. [Versión electrónica].
[cxxxvi]Ministerio de Tecnologías de la Información y las Comunicaciones. (2013). **No al delito de la pornografía infantil**. Colombia, Latinoamérica. Información consultada el 24 de diciembre de 2013, de http://www.enticconfio.gov.co/enticconfio.html.
[cxxxvii]Melissa Correa Velázquez. **Sentencian abogado a cuatro días de cárcel por pornografía infantil**. (2013). San Juan, Puerto Rico.: *El Vocero de Puerto Rico*. [Versión electrónica]; Luis Montalvo Cruz. **Líder comunitario de Isabela sentenciado a 17 años**

en prisión. (2012). Guaynabo, Puerto Rico.: *Primera Hora.* [Versión electrónica]; Limarys Suárez Torres. **19 años de cárcel para excapellán por pornografía infantil.** (2012). Guaynabo, Puerto Rico.: *El Nuevo Día.* Recuperado el 30 de diciembre de 2012, de http://www.elnuevodia.com/; Francisco Rodríguez-Burns. **Auge de pornografía infantil en la Isla.** (2008, 18 de septiembre). *Primera Hora.* Guaynabo, Puerto Rico. [Versión electrónica].
[cxxxviii]Vea las siguientes referencias: (a) **Detienen a mujer en Colombia por difundir pornografía infantil.** (2016). Perú, Latinoamérica: *El Comercio.* Consultado el 22 de octubre de 2016, de http://elcomercio.pe/redes-sociales/facebook/facebook-detienen-mujer-colombia-difundir-pornografia-infantil-noticia-1910747; (b) Correa, M. (2013). **Rampante la pornografía infantil.** San Juan, Puerto Rico.: *El Vocero de Puerto Rico.* [Versión electrónica]; (c) Cobián, M. (2013). **Arrestan a mujer por presuntamente producir pornografía infantil al grabarse con su hijo.** Guaynabo, Puerto Rico.: *Primera Hora.* [Versión electrónica].
[cxxxix]Gómez, M. (2013). **Pornografía infantil, una vergüenza nacional.** México, Latinoamérica.: *ADN Político.* Consultado el 25 de mayo 2014, de http://www.adnpolitico.com/gobierno/2013/11/08/opinion-pornografia-infantil-una-verguenza-nacional.
[cxl]Ministerio de Tecnologías de la Información y las Comunicaciones. (2013). **No al delito de la pornografía infantil.** Colombia, Latinoamérica. Información consultada el 24 de diciembre de 2013, de http://www.enticconfio.gov.co/enticconfio.html. Lea, además: Mariana Cobián. **Arrestan a psiquiatra por pornografía infantil.** (2013). Guaynabo, Puerto Rico.: *El Nuevo Día.* [Versión electrónica]; Melissa Correa Velázquez. **Rampante la pornografía infantil.** (2013). San Juan, Puerto Rico.: *El Vocero de Puerto Rico.* [Versión electrónica].
[cxli]Francisco Rodríguez-Burns. **Auge de pornografía infantil en la Isla.** (2008, 18 de septiembre). *Primera Hora.* Guaynabo, Puerto Rico. [Versión electrónica].
[cxlii]**Sexo de 24 quilates.** (2008). Guaynabo, Puerto Rico.: *Primera Hora.* [Versión electrónica: www.primerahora.com.].
[cxliii]Andrea Peniche. **La prostitución como punto de ruptura** (Segunda Parte). (2013). San Juan, Puerto Rico. *Universidad de Puerto Rico, Diálogo.* Información consultada el 28 de diciembre de 2013, http://www.dialogodigital.com/.
[cxliv]**¿Cuántas personas se prostituyen en el mundo?** (2012). Distrito Federal, México.: *Revista Muy Interesante.* Información consultada el 1 de diciembre de 2012, de http://www.muyinteresante.com.mx/.
[cxlv]Nydia Bauzá. **Mujer admite su abuso sexual.** (2008). *Primera Hora.* Guaynabo, Puerto Rico. [Versión electrónica].
[cxlvi]**Mujer es acusada de agredir sexualmente a dos niñas.** (2014). Guaynabo, Puerto Rico.: *Primera Hora.* [Versión electrónica: www.primerahora.com.].
[cxlvii]Castelar, J.A. (2016). **Policía y también Sociología contra la criminalidad.** Tegucigalpa, Honduras: *El Heraldo.* Consultado el 30 de julio de 2016, dehttp://www.elheraldo.hn/opinion/columnas/980335-469/polic%C3%ADa-y-tambi%C3%A9n-sociolog%C3%ADa-contra-la-criminalidad.
[cxlviii]Juan David Giraldo, sicólogo e investigador judicial de Colombia, en: Monroy, J.C. (2005). **Las mujeres cada vez delinquen más.** Medellín, Colombia.: *Periódico El Colombiano.* Información consultada el 23 de enero de 2014, de http://www.elcolombiano.com/. También debe leer: **Exministra argentina dice crisis aumenta delincuencia femenina.** (2003). Madrid, España.: *Noticias Terra.* Recuperado el 30 de diciembre de 2011, de http://www.terra.com/noticias/.
[cxlix]Jaime Torres Torres. **Enamoran y asaltan a sus víctimas.** (2009). *El Nuevo Día.* Guaynabo, Puerto Rico. Recuperado el 30 de diciembre de 2009, de http://www.elnuevodia.com/. Vea, además: Daniel Rivera Vargas. **Fluyen confidencias para identificar ganga.** (2009). *El Nuevo Día.* Guaynabo, Puerto Rico. [Versión electrónica].

cl**Puerto Rico en la lista de los 5 lugares con más desempleo**. (2014). Guaynabo, Puerto Rico.: *El Nuevo Día*. [Versión electrónica].
cli**Arrestan a mujer que mató a joven para robarle $25**. (2012). Guaynabo, Puerto Rico.: *Primera Hora*. [Versión electrónica].
cliiGerardo Cordero & Mario Santana Ortiz. **Asalto a buen samaritano**. (2006). Guaynabo, Puerto Rico.: *El Nuevo Día*. Recuperado el 26 de junio de 2006, de http://www.endi.com/.
cliiiWilma Maldonado Arrigoitía. **Asaltan colmado a mano armada dos jovencitas**. (2006). Guaynabo, Puerto Rico.: *Primera Hora*. Recuperado el 3 de junio de 2006, de http://www.primerahora.com/.
cliv**Que reforma el artículo 390 del Código Penal Federal**. (2011). México, Latinoamérica.: *Gaceta Parlamentaria, Número 3417-II*. Información consultada el 24 de enero de 2014, de http://gaceta.diputados.gob.mx/. Lea, además: **Federales arrestan a mujer por extorsión**. (2014). San Juan, Puerto Rico.: *Noticel*. Información consultada el 29 de diciembre de 2014, de http://www.noticel.com/; **Mujer enfrenta cargos de extorsión por acudir a buscar una recompensa por secuestro**. (2011). Guaynabo, Puerto Rico.: *Primera Hora*. [Versión electrónica: www.primerahora.com.].
clv**Que reforma el artículo 390 del Código Penal Federal**. (2011). México, Latinoamérica.: *Gaceta Parlamentaria, Número 3417-II*. Información consultada el 24 de enero de 2014, de http://gaceta.diputados.gob.mx/.
clvi**Mujer enfrenta cargos de extorsión por acudir a buscar una recompensa por secuestro**. (2011). Guaynabo, Puerto Rico.: *Primera Hora*. [Versión electrónica: www.primerahora.com.].
clvii**Federales arrestan a mujer por extorsión**. (2014). San Juan, Puerto Rico.: *Noticel*. Información consultada el 29 de diciembre de 2014, de http://www.noticel.com/.
clviii**Hurtos en tiendas al detalle suponen pérdidas de $521 millones anuales**. (2010). Guaynabo, Puerto Rico.: *Primera Hora*. [Versión electrónica]. También debe leer: (a) Maelo Vargas Saavedra. **Acusados de robar en tienda médico y esposa**. (2005). Guaynabo, Puerto Rico.: *Primera Hora*. [Versión electrónica]; y (b) **Se roba más en supermercados que lo que cuesta correr municipios**. (2015). San Juan, Puerto Rico.: *Noticel*. Información consultada el 29 de diciembre de 2015, de http://www.noticel.com/noticia/184238/se-roba-mas-en-supermercados-que-lo-que-cuesta-correr-municipios-video.html.
clixExposición de Motivos del **Proyecto 1516 del Senado del Estado Libre Asociado de Puerto Rico**, de 20 de abril de 2010. Lea, además: Alana Álvarez Valle. **Combativos los supermercados contra el hurto**. (2013). San Juan, Puerto Rico.: *El Vocero de Puerto Rico*. [Versión electrónica].
clxAlana Álvarez Valle. **Combativos los supermercados contra el hurto**. (2013). San Juan, Puerto Rico.: *El Vocero de Puerto Rico*. [Versión electrónica].
clxi**Castro Cotto v. Tiendas Pitusa**, 159 D.P.R. 650 (2003). Vea, además: **Soc. Gananciales v. G. Padín Co., Inc.**, 117 D.P.R. 94 (1986).
clxiiCynthia Lopez Cabán. **Detienen a mujer policía que presuntamente robaba juegos de vídeo**. (2013). Guaynabo, Puerto Rico.: *Primera Hora*. [Versión electrónica].
clxiii**Fijan vista para maestras acusadas de robar ropa interior en Hato Rey**. (2016). Guaynabo, Puerto Rico.: *El Nuevo Día*. Consultado el 1 de abril de 2016, de http://www.elnuevodia.com/noticias/tribunales/nota/fijanvistaparamaestrasacusadasderobarropainteriorenhatorey-2174070/.
clxivRodríguez, D.J. (2016). **Exdirectora del Fondo en Mayagüez va pa' juicio por tumbarse traje**. Guaynabo, Puerto Rico.: *Primera Hora*. Consultado el 3 de abril de 2016, de http://www.primerahora.com/noticias/policia-tribunales/nota/exdirectoradelfondoenmayaguezvapajuicioportumbarsetraje-1141435/.
clxvVea el análisis del maestro José Saramago, premio Nobel de Literatura, en: José Saramago. (2004). **George W. Bush o la edad de la mentira**. Madrid, España.: *El País*. Consultado el 30 de diciembre de 2012, de http://www.elpais.com/. También debe leer el

análisis del Dr. Paul Krugman, premio Nobel de Economía y catedrático de la Universidad de Princeton, en: Krugman, P. (2015). **Primavera para los timadores**. Madrid, España: *El País*. Consultado el 7 de noviembre de 2015, de http://economia.elpais.com/economia/2015/10/30/actualidad/1446217925_974801.html.

[clxvi]Mario Vargas Llosa. **La era de los impostores**. (2014). Madrid, España: *El País*. Consultado el 30 de diciembre de 2014, de http://elpais.com/elpais/2014/12/11/opinion/1418316858_779129.html. También debe leer: **Libre bajo fianza expresidente de la Asamblea General de la ONU**. (2015). Guaynabo, Puerto Rico.: *El Nuevo Día*. Recuperado el 30 de octubre de 2015, de http://www.elnuevodia.com/noticias/internacionales/nota/librebajofianzaexpresidentede laasambleageneraldelaonu-2117857/.

[clxvii]Márquez, D. (2015). **La moneda sucia del inversionismo político**. Caguas, Puerto Rico.: *Metro*. Información consultada el 25 de diciembre de 2015, de http://www.metro.pr/blogs/columna-de-denis-marquez-la-moneda-sucia-del-inversionismo-politico/pGXold!MnjGnvq8UoO1A/.

[clxviii]**UNODC lanza campaña de concienciación sobre los productos falsificados**. (2014). Nueva York, EEUU.: *Organización de las Naciones Unidas*. Información consultada el 28 de diciembre de 2014, de http://www.un.org/es/.

[clxix]Rivera, D. (2005). **Cargos a 38 por vender falsificaciones**. Guaynabo, Puerto Rico.: *El Nuevo Día*. Recuperado el 10 de septiembre de 2005, de http://www.endi.com/; **Probables cargos criminales por vender Louis Vuitton falsificado**. (2005). Guaynabo, Puerto Rico.: *Primera Hora*. Recuperado el 2 de noviembre de 2005, de http://www.primerahora.com/.

[clxx]**Las falsificaciones de productos de lujo son cada vez más reales**. (2011). Nueva York, EEUU.: *The Wall Street Journal*. Información consultada el 30 de diciembre de 2011, de http://online.wsj.com/public/page/espanol-inicio.html.

[clxxi]**Violencia y maltrato**. (2006). Guaynabo, P.R.: *El Nuevo Día*. Recuperado el 29 de enero de 2006, de http://www.endi.com/.

[clxxii]**Acusan a policía por falsificar certificado médico**. (2014). Guaynabo, Puerto Rico.: *El Nuevo Día*. Recuperado el 30 de enero de 2014, de http://www.elnuevodia.com/.

[clxxiii]**Arrestan a mujer por falsificar documentos**. (2011). Guaynabo, Puerto Rico.: *Primera Hora*. [Versión electrónica].

[clxxiv]**Arrestan mujer por fraude y falsificación de documentos**. (2012). Guaynabo, Puerto Rico.: *Primera Hora*. [Versión electrónica].

[clxxv]**Prevenir el fraude**. (2013). San Juan, Puerto Rico.: *First Bank Corp*. Consultada el 11 de mayo de 2014, de http://www.firstbankpr.com/.

[clxxvi]Cordero, G. (2005). **Alerta ante las prácticas fraudulentas**. Guaynabo, Puerto Rico.: *El Nuevo Día*. [Versión electrónica].

[clxxvii]Exposición de Motivos de la **Ley de Puerto Rico Núm. 149 del año 2000**.

[clxxviii]Mariana Cobián. **Sentencian a empresario a tres años de cárcel**. (2013). Guaynabo, Puerto Rico.: *El Nuevo Día*. [Versión electrónica].

[clxxix]Yalixa Rivera Cruz. **En ascenso el robo de identidad**. (2012). Guaynabo, Puerto Rico.: *El Nuevo Día*. [Versión electrónica].

[clxxx]Padilla, H. (2011). **Descomposición social**. Guaynabo, Puerto Rico.: *El Nuevo Día*. [Versión electrónica]. También debe leer, en el caso de EUA, un análisis realizado por el Dr. Paul Krugman, premio Nobel de Economía y catedrático de la Universidad de Princeton, en: Krugman, P. (2002). **Los sabores del fraude**. Madrid, España: *El País*. Consultado el 1 de mayo de 2015, de http://elpais.com/diario/2002/06/29/economia/1025301610_850215.html.

[clxxxi]**Más común el fraude entre los jóvenes**. (2006). Guaynabo, Puerto Rico.: *El Nuevo Día*. Recuperado el 21 de septiembre de 2006, de http://www.endi.com/.

[clxxxii]Joanisabel González, **Sin recursos para atacar fraude**. (2006). Guaynabo, Puerto Rico.: *El Nuevo Día*. Recuperado el 3 de mayo de 2006, de http://www.endi.com/.

clxxxiiiDaniel Rivera Vargas, **Más común el fraude como modo de vida**. (2006). Guaynabo, Puerto Rico.: *El Nuevo Día*. Recuperado el 23 de julio de 2006, de http://www.endi.com/.
clxxxivVea los resultados de un estudio realizado por el Colegio de Contadores Públicos Autorizados de Puerto Rico, en: **Más común el fraude entre los jóvenes**. (2006). Guaynabo, Puerto Rico.: *El Nuevo Día*. Recuperado el 21 de septiembre de 2006, de http://www.endi.com/.
clxxxvNelson Perdomo Paz. **Cheques sin fondos: problema billonario**. (2004). Guaynabo, Puerto Rico.: *Primera Hora*. [Versión electrónica: www.primerahora.com.].
clxxxvi**Continuación del Código Penal, 1974 de Puerto Rico**. (2002). Bayamón, Puerto Rico.: *LexJuris*. Información consultada el 23 de noviembre de 2013, de http://www.lexjuris.com/penal/lexpenal7.htm; **Pueblo v. Somarriba García**, 131 D.P.R. 462, 468 (1992) & **Valentín Cruz v. Torres Marrero**, 80 D.P.R. 463, 477 (1958).
clxxxvii**Mujer intenta suicidarse cuando fueron a arrestarla por fraude**. (2011). Guaynabo, Puerto Rico.: *Primera Hora*. [Versión electrónica: www.primerahora.com.]; Colón, J. (2013). **Acusan a la ex voleibolista Brenda Lee Quiñones por fraude**. Guaynabo, Puerto Rico.: *Primera Hora*. [Versión electrónica: www.primerahora.com.].
clxxxviiiDaniel Rivera Vargas, **Más común el fraude como modo de vida**. (2006). Guaynabo, Puerto Rico.: *El Nuevo Día*. Recuperado el 23 de julio de 2006, de http://www.endi.com/.
clxxxixVea las ideas de Howard Gardner, sicólogo de la Universidad de Harvard, en: British Broadcasting Corporation. (2016) **¿Cómo saber si eres un genio aunque siempre hayas sacado malas notas?** Londres, Reino Unido: *BBC Mundo*. Consultado el 28 de octubre de 2016, de http://www.bbc.com/mundo/noticias-37751108.
cxc**FBI arresta mujer por fraude en el DTOP**. (2013). San Juan, Puerto Rico.: *El Vocero de Puerto Rico*. [Versión electrónica].
cxciRosita Marrero. **Impone fianza de $275 mil a hija de Nancy Hernández también acusada en operativo federal por fraude hipotecario**. (2010, marzo). Guaynabo, Puerto Rico.: *Primera Hora*. [Versión electrónica].
cxcii**Teoría criminológica y delincuencia femenina**. (2012). Venezuela, Latinoamérica.: *Amnistía Internacional*. Información consultada el 23 de enero de 2014, de http://amnistia.me/profiles/blogs/teor-a-criminol-gica-y-delincuencia-femenina.También debe leer: Velázquez, G. (2014). **Mujeres que trafican drogas**. San Juan, Universidad de Puerto Rico*: Diálogo*. Información consultada el 28 de junio de 2016, de http://dialogoupr.com/mujeres-que-trafican-drogas-2/.
cxciii**Reinas del punto de drogas**. (2010). Guaynabo, Puerto Rico.: *Primera Hora*. [Versión electrónica]. Vea, además: Juan Carlos Monroy Giraldo. (2005). **Las mujeres cada vez delinquen más**. Medellín, Colombia.: *Periódico El Colombiano*. Información consultada el 23 de enero de 2014, de http://www.elcolombiano.com/.
cxciv**Reinas del punto de drogas**. (2010). Guaynabo, Puerto Rico.: *Primera Hora*. [Versión electrónica].
cxcv**Reinas del punto de drogas**. (2010). Guaynabo, Puerto Rico.: *Primera Hora*. [Versión electrónica]. También debe leer: (1) **Vendía armas con sus nenes**. (2012). Guaynabo, Puerto Rico.: *Primera Hora*. [Versión electrónica]; y (2) **Policía sorprende a mujer envasando cocaína con un bebé en brazos**. (2016). Guaynabo, Puerto Rico.: *El Nuevo Día*. Consultado el 22 de abril de 2016, de http://www.elnuevodia.com/noticias/seguridad/nota/policiasorprendeamujerenvasandocoainaconunbebeenbrazos-2189724/.
cxcviVelázquez, G. (2014). **Mujeres que trafican drogas**. San Juan, Universidad de Puerto Rico*: Diálogo*. Consultado el 2 de junio de 2016, de http://dialogoupr.com/mujeres-que-trafican-drogas-2/.
cxcviiDaniel Rivera Vargas. **Se declara culpable jefa de pandilla de narcos**. (2014). Guaynabo, Puerto Rico.: *El Nuevo Día*. [Versión electrónica].

[cxcviii]**Arrestan a dueña de punto de droga en Caguas**. (2013). Guaynabo, Puerto Rico.: *El Nuevo Día*. [Versión electrónica].
[cxcix]**Despiden con tiros a presunto asesino de dueña de punto en Barrio Obrero**. (2011). Guaynabo, Puerto Rico.: *El Nuevo Día*. [Versión electrónica].
[cc]**Reinas del punto de drogas**. (2010). Guaynabo, Puerto Rico.: *Primera Hora*. [Versión electrónica].
[cci]**El temor financiero puede provocar que las mamás les peguen más a sus hijos**. (2013). Caguas, Puerto Rico.: *Metro*. Consultado el 2 de mayo de 2014, de http://www.metro.pr/.
[ccii]Vea el análisis de Silvia Álvarez Curbelo, profesora de la Universidad de Puerto Rico, en: Estades, M. (2016). **Las mujeres en las estadísticas del crimen**. San Juan, Universidad de Puerto Rico: *Diálogo*. Información consultada el 28 de junio de 2016, de http://dialogoupr.com/las-mujeres-en-las-estadisticas-del-crimen/.
[cciii]Laorden, C. (2016). **No habrá paz para los hambrientos**. Madrid, España: *El País*. Consultado el 8 de abril de 2016, de http://elpais.com/elpais/2016/04/01/planeta_futuro/1459514699_155129.html.También debe leer: Eivind Nicolai Lauritsen. **Economic under-development leads to civil unrest**. (2016). Copenhagen, Denmark: *Science Nordic*. Consultado el 27 de junio de 2016, de http://sciencenordic.com/economic-under-development-leads-civil-unrest.
[cciv]Figueroa, B. (2012). **Otro contrabando en vagina**. Guaynabo, Puerto Rico.: *Primera Hora*. [Versión electrónica].
[ccv]Ruiz, G. (2012). **Con nuevos flancos para pasar la droga**. Guaynabo, Puerto Rico.: *El Nuevo Día*. Recuperado el 30 de diciembre de 2012, de http://www.elnuevodia.com/.
[ccvi]Ruiz, G. (2012). **Con nuevos flancos para pasar la droga**. Guaynabo, Puerto Rico.: *El Nuevo Día*. Recuperado el 30 de diciembre de 2012, de http://www.elnuevodia.com/.
[ccvii]Ruiz, G. (2012). **Con nuevos flancos para pasar la droga**. Guaynabo, Puerto Rico.: *El Nuevo Día*. Recuperado el 30 de diciembre de 2012, de http://www.elnuevodia.com/.
[ccviii]**Transportaban la cocaína oculta en sus partes íntimas**. (2005). Argentina, Latinoamérica.: *Infobae*. Recuperado el 15 de septiembre de 2005, de http://www.infobae.com/; **Mujer intentó viajar con condón lleno de droga en la vagina**. (2009). Guaynabo, Puerto Rico.: *El Nuevo Día*. Recuperado el 30 de diciembre de 2009, de http://www.elnuevodia.com/; Bárbara J. Figueroa Rosa. **Otro contrabando en vagina**. (2012). Guaynabo, Puerto Rico.: *Primera Hora*. [Versión electrónica]; Cobián, M. (2012). **Joven confinada por asesinato enfrenta juicio por tener celulares en la cárcel**. Guaynabo, Puerto Rico.: *Primera Hora*. [Versión electrónica].
[ccix]Ruiz, G. (2012). **Con nuevos flancos para pasar la droga**. Guaynabo, Puerto Rico.: *El Nuevo Día*. Recuperado el 30 de diciembre de 2012, de http://www.elnuevodia.com/.
[ccx]Daniel Rivera Vargas. (2007). **Clave las 'mulas' para el narcotráfico**. Guaynabo, Puerto Rico.: *El Nuevo Día*. [Versión electrónica].
[ccxi]Leysa Caro González. **Varios los métodos que usan los criminales para reclutar a una mula**. (2010). Guaynabo, Puerto Rico.: *Primera Hora*. [Versión electrónica].
[ccxii]Leysa Caro González. **Varios los métodos que usan los criminales para reclutar a una mula**. (2010). Guaynabo, Puerto Rico.: *Primera Hora*. [Versión electrónica].
[ccxiii]**Arrestan a dos mujeres que contaban droga en el balcón de una casa**. (2014). San Juan, Puerto Rico.: *Noticel*. Consultada el 22 de febrero de 2015, de http://www.noticel.com/.
[ccxiv]Mariana Cobian. **Joven confinada por asesinato enfrenta juicio por tener celulares en la cárcel**. (2012). Guaynabo, Puerto Rico.: *Primera Hora*. [Versión electrónica].
[ccxv]Bárbara J. Figueroa Rosa. **Otro contrabando en vagina**. (2012). Guaynabo, Puerto Rico.: *Primera Hora*. [Versión electrónica].
[ccxvi]Gaarder, J. (2000). **El mundo de Sofía**. México, D.F.: *Editorial Patria/Siruela*, pág.21.
[ccxvii]Schopenhauer, A. (2010). **El mundo como voluntad y representación** (Tomo II). Madrid, España.: *Alianza Editorial*, pág.756.

ccxviii**Frases Cortas de Arthur Schopenhauer**. (2012). España, Unión Europea.: *Frases Cortas*. Información consultada el 4 de febrero de 2012, de http://www.frasescortas.org/.
ccxixRüdiger Safranski. (2008). **Schopenhauer y los años salvajes de la filosofía**. Barcelona, España.: *Tusquets Editores*, pág.58.
ccxxKeila López Alicea. **Entre los lujos y el peligro**. (2010). Guaynabo, Puerto Rico.: *El Nuevo Día*. Recuperado el 30 de diciembre de 2010, de http://www.elnuevodia.com/.
ccxxiKeila López Alicea. **Entre los lujos y el peligro**. (2010). Guaynabo, Puerto Rico.: *El Nuevo Día*. Recuperado el 30 de diciembre de 2010, de http://www.elnuevodia.com/.
ccxxiiGerardo E. Alvarado León. **Víctimas colaterales en el mundo criminal**. (2013). Guaynabo, Puerto Rico.: *El Nuevo Día*. [Versión electrónica]. También debe leer: **Policía sorprende a mujer envasando cocaína con un bebé en brazos**. (2016). Guaynabo, Puerto Rico.: *El Nuevo Día*. Consultado el 22 de abril de 2016, de http://www.elnuevodia.com/noticias/seguridad/nota/policiasorprendeamujerenvasandocoainaconunbebeenbrazos-2189726/.
ccxxiii**Policía sorprende a mujer envasando cocaína con un bebé en brazos**. (2016). Guaynabo, Puerto Rico.: *El Nuevo Día*. Consultado el 22 de abril de 2016, de http://www.elnuevodia.com/noticias/seguridad/nota/policiasorprendeamujerenvasandocoainaconunbebeenbrazos-2189726/.
ccxxiv**Los mejores y peores países para ser madre**. (2015). Londres, Reino Unido: *British Broadcasting Corporation (BBC)*. Consultado el 30 de mayo de 2015, de http://www.bbc.co.uk/mundo/noticias/2015/05/150505_salud_mejor_peor_pais_para_ser_madre_il.
ccxxv**Se dispara el costo de criar a niños en los Estados Unidos**. (2013). Caguas, Puerto Rico.: *Diario Metro*. Consultado el 25 de diciembre de 2013, de http://www.metro.pr/.
ccxxvi**Security jobs are big business in SJ**. (2012). San Juan, Puerto Rico.: *Caribbean Business*. [Versión electrónica].
ccxxviiMiguel Rivera Puig. **Investigan ultrajes**. (2007). *El Vocero de Puerto Rico*. San Juan, Puerto Rico. [Versión electrónica].
ccxxviii**Balean guardia de seguridad de hospital de Levittown**. (2014). San Juan, Puerto Rico.: *Noticel*. Consultado el 29 de febrero de 2014, de http://www.noticel.com/.
ccxxixExposición de Motivos de la **Ley de España 23/1992**, de 30 de julio, de Seguridad Privada.
ccxxxQuiñones Arocho, profesora de la Universidad de Puerto Rico, en: Estades, M. (2016). **Las mujeres en las estadísticas del crimen**. P.R., Universidad de Puerto Rico: *Diálogo*. Consultado el 28 de junio de 2016, de http://dialogoupr.com/las-mujeres-en-las-estadisticas-del-crimen/.
ccxxxiMiren Ortubay, profesora de Derecho Penal de la Universidad del País Vasco, en: Granda, E. (2009). **El enigma de la escasa delincuencia femenina**. Madrid, España.: *El País*. Consultado el 30 de diciembre de 2014, de http://www.elpais.com/.
ccxxxiiVea las siguientes referencias: **Identifican a guardia asesinado en planta de la AAA**. (2016). Guaynabo, P.R.: *Primera Hora*. Consultado el 3 de abril de 2016, de http://www.primerahora.com/noticias/policia-tribunales/nota/identificanaguardiaasesinadoenplantadelaaaa-1145166/; Javier Colón Dávila y Alex Figueroa Cancel. **Revelan identidad de guardia asesinado en Aguas Buenas**. (2015). Guaynabo, Puerto Rico.: *El Nuevo Día*. [Versión electrónica:http://www.elnuevodia.com/noticias/seguridad/nota/revelanidentidadkdeguardiaasesinadoenaguasbuenas-2046320/]; Cristina del Mar Quiles. **Creen que guardias fueron asesinados para robarles armas**. (2015). Guaynabo, Puerto Rico.: *El Nuevo Día*. Recuperado el 30 de diciembre de 2015, de http://www.elnuevodia.com/noticias/seguridad/nota/creenqueguardiasfueronasesinadospararobarlesarmas-2041249/; **Fallece guardia de seguridad herido de bala**. (2011). Guaynabo, Puerto Rico.: *Primera Hora*. [Versión electrónica: www.primerahora.com.]; **Maleantes dejan un guardia herido en Dorado**. (2014). Guaynabo, Puerto Rico.: *El Nuevo Día*. Recuperado el 30 de diciembre de 2014, de http://www.elnuevodia.com/;

Miguel Rivera Puig. **Arrestan tres sospechosos de asesinato de guardia de seguridad.** (2011). San Juan, Puerto Rico.: *El Vocero de Puerto Rico.* [Versión electrónica].
[ccxxxiii]Artículo 1 de la **Ley de España 23/1992**, de 30 de julio, de Seguridad Privada.
[ccxxxiv]**Mayor cantidad de mujeres a la profesión jurídica.** (2006). Guaynabo, Puerto Rico.: *Primera Hora.* Recuperado el 1 de febrero de 2006, de http://www.primerahora.com/. Vea, además: **Juramentan 292 nuevos abogados.** (2010). Guaynabo, Puerto Rico.: *El Nuevo Día.* Recuperado el 30 de diciembre de 2010, de http://www.elnuevodia.com/.
[ccxxxv]**In re: Francisco J. Luis Paisán**, 2014 TSPR 001. (2014).
[ccxxxvi]**In re: Ramón A. García Suárez**, 2013 TSPR 146. (2013).
[ccxxxvii]**In re: Ramón A. García Suárez**, 2013 TSPR 146. (2013).
[ccxxxviii]Ortega-Marrero, M. (2013). **Preocupado por la calidad de los jueces**. Guaynabo, Puerto Rico.: *El Nuevo Día.* [Versión electrónica].
[ccxxxix]Miguel Díaz Román. **Gobernador Luis Fortuño y senador Thomas Rivera Schatz negocian nombramientos de juezas en Puerto Rico**. (2012). Guaynabo, Puerto Rico.: *El Nuevo Día.* [Versión electrónica]; **Rivera Schatz colgó a jueza por ser PNP light**. (2011). Guaynabo, Puerto Rico.: *Primera Hora.* [Versión electrónica]; Padilla, H. (2009). **Nombramientos judiciales**. *El Nuevo Día.* Guaynabo, Puerto Rico. [Versión electrónica].
[ccxl]Martha Neil. **Food stamps application a wake-up call for struggling law graduate**. (2013). Chicago, IL.: *American Bar Association Journal.* Información consultada el 30 de julio de 2013, de http://www.abajournal.com/; Mystal, E. (2013). **From J.D. to Food Stamps: The Personal Cost of Going to Law School**. New York, New York.: *Above The Law.* Información consultada el 31 de diciembre de 2013, de http://abovethelaw.com/; Hicken, M. (2012). **Ryan Fandetti works two jobs so he can save money on the side while paying his law school loans**. New York, EE.UU.: *Business Insider.* Consultado el 2 de mayo de 2013, de http://www.businessinsider.com/.
[ccxli]**Moody's coloca en revisión tres bancos en Puerto Rico**. (2014). Guaynabo, Puerto Rico.: *El Nuevo Día.* [Versión electrónica]. Vea, además: Lubben, S. (2014). **Answer to Puerto Rico's Debt Woes? It's Complicated**. New York, NY.: *The New York Times.* Recuperado el 29 de marzo de 2014, de http://www.nytimes.com/.
[ccxlii]Starr, Sonja B., **Estimating Gender Disparities in Federal Criminal Cases**. (2012). University of Michigan Law and Economics Research Paper, No. 12-018. Available at SSRN: http://ssrn.com/abstract=2144002 or http://dx.doi.org/10.2139/ssrn.2144002. Vea, además: Maribel Hernández Pérez & Brenda I. Peña López. **Acusado hombre que robó ropa interior de su vecina**. (2013). Guaynabo, Puerto Rico.: *El Nuevo Día.* [Versión electrónica].
[ccxliii]Marrero, R. (2014). **Cuando ella es la agresora, no se trata igual**. Guaynabo, Puerto Rico.: *Primera Hora.* [Versión electrónica: http://www.primerahora.com/noticias/policia-tribunales/nota/c uandoellaeslaagresoranosetrataigual-1035391/.]. También debe leer las siguientes referencias: (a) **No causa contra mujer policía por violencia doméstica**. (2015). Guaynabo, Puerto Rico.: *Primera Hora.* [Versión electrónica: http://www.primerahora.com/noticias/policia-tribunales/nota/ nocausacontramujerpoliciaporviolenciadomestica-1062612/]; (b) Delgado-Castro, I. (2012). **Cuando la mujer es la agresora**. Guaynabo, Puerto Rico.: *El Nuevo Día.* [Versión electrónica: http://www.elnuevodia.com/estilosdevida/hogar/nota/cuandolamujereslaagresora-1286279/].
[ccxliv]Maricarmen Rivera Sánchez. **La justicia en Puerto Rico tiene dos varas**. (2013). San Juan, Puerto Rico.: *El Vocero de Puerto Rico.* [Versión electrónica].
[ccxlv]Guillamó, M. (2016). **Panama Papers o Capitalismo en práctica**. España, Unión Europea.: *Diario Octubre.* Consultado el 30 de abril de 2016, de https://diario-octubre.com/?p=50324.

www.ingramcontent.com/pod-product-compliance
Lightning Source LLC
Chambersburg PA
CBHW030754180526
45163CB00003B/1018